AF747932

ÊTRE SYNDICALISTE AU TCHAD

Pour Mieux Connaître le Tchad

COLLECTION DIRIGÉE PAR MARIE-JOSÉ TUBIANA

Le but de notre collection est de contribuer à l'édification du Tchad moderne en permettant aux Tchadiens de mieux connaître leur pays dans toute sa diversité et sa richesse. Nous avons publié des travaux inédits, des documents d'archives, des traductions françaises d'ouvrages étrangers et réimprimé des textes devenus introuvables.

DERNIERS OUVRAGES PARUS

2000 Baba Moustapha. *Le souffle de l'harmattan.* (PRIX ALBERT BERNARD DE L'ACADÉMIE DES SCIENCES D'OUTRE-MER)
Gérard Serre. *Une nomadisation d'hivernage dans l'Ouadi Rimé (Tchad 1956).*
2001 Géraud Magrin. *Le sud du Tchad en mutation : des champs de coton aux sirènes de l'or noir.* (PRIX ALBERT BERNARD DE L'ACADÉMIE DES SCIENCES D'OUTRE-MER)
Victor-Emmanuel Largeau. *À la naissance du Tchad 1903-1913* (Documents présentés par Louis Caron).
2002 Claude Durand. *Les anciennes coutumes pénales du Tchad. Les grandes enquêtes de 1937 et 1938.*
Joël Rim-Assbé Oulatar. *Tchad. Le poison et l'antidote.* Essai.
2003 *Le Tchad au temps de Largeau 1900-1915* (photographies, dessins).
Al-Hadj Garondé Djarma. *Témoignage d'un militant du Frolinat.*
Bichara Idriss Haggar. *Tchad. Témoignage et combat politique d'un exilé.*
2004 Marie-José Tubiana. *Parcours de femmes. Les nouvelles élites : entretiens.*
2005 *Les contes oubliés des Hadjeray du Tchad* recueillis et édités par Peter Fuchs, traduits de l'allemand par Hille Fuchs.
Alain Vivien. *N'djaména naguère Fort-Lamy, histoire d'une capitale africaine.*
2006 Zakaria Fadoul Khidir. *Le chef, le forgeron et le faki.*
Lidwien Kapteijns. *Mahdisme et tradition au Dar For. Histoire des Masalit 1870-1930,* traduit de l'anglais par Geneviève d'Avout et Joseph Tubiana.
Mahmat Hassan Abakar. *Chronique d'un enquête criminelle nationale.*
2007 Oumar Djimadoum. *Un vétérinaire tchadien au Congo.*
Contes Toubou du Sahara recueillis au Niger et au Tchad par Jérôme Tubiana.
Antoine Bangui-Rombaye. *Taporndal. Petites chroniques du pays gor et d'ailleurs.*
Bichara Idriss Haggar. *François Tombalbaye 1960-1975. Déja, le Tchad était mal parti.*
Arnaud Dingammadji. *Ngarta Tombalbaye. Parcours et rôle dans la vie politique du Tchad (1959-1975).*
2008 *Hommes sans voix. Forgerons du nord-est du Tchad et de l'est du Niger.* Textes réunis par Marie-José Tubiana.
Louis Caron. *Au Sahara tchadien. L'administration militaire au moment de l'Indépendance. Borkou - Ennedi - Tibesti 1955-1963.*
2010 Jean Laoukolé. *Les rebelles selon Monsieur le préfet.*
François Besnier. *Moussoro. Cent ans déjà.*
2011 Jean Laoukolé. *La démocratie humiliée. Le référendum de la République de Bekoï dans le canton Hillé Chingnaka.*
2013 Hissein Idriss Haggar. *Des Grottes du Darfour à l'exil. Chronique d'une lutte inachevée.*
2014 Ahmad Allam-Mi. *Autour du Tchad en guerre : tractations politiques et diplomatiques 1975-1990.*
Bichara Idriss Haggar. *Les partis politiques et les mouvements armés de 1990 à 2012.*
2015 Jean Laoukolé. *Histoires extraordinaires du commandant Béchir.*
Jean-Pierre Ningaïna Taraïna. *Pardon et réconciliation. Ouvrir un avenir politique en Afrique.*
2016 Jean-Baptiste Laokolé. *Terre des lézards.*
Bichara Idriss Haggar. *Quand les hommes en armes s'imposent aux politiques. Tchad (1975-1982).*
2018 Abdoullay Saleh Lamine. *L'épopée de Taguila. La vie d'une jeune fille réduite en esclavage au milieu du XIXe siècle.*

En collaboration avec l'ARESAE

2006 Marie-José Tubiana. *Carnets de route au Dar For 1965-1970.*
2016 Marie-José Tubiana. *Une émigration non choisie. Histoires de demandeurs d'asile du Darfour.*
2017 Marie-José Tubiana. *Forced to Flee. Stories of asylum seekers from Darfur, Sudan.* Translated from the french by Philip O'Prey.

POUR MIEUX CONNAÎTRE LE TCHAD

Djibrine Assali Hamdallah

ÊTRE SYNDICALISTE AU TCHAD

Préface d'Antoine Bangui

L'Harmattan

Le présent ouvrage
a été soumis à l'Association
POUR MIEUX CONNAÎTRE LE TCHAD
qui en a confié la lecture
à Antoine BANGUI *et* Annette CARAYON

Photo de couverture : *Conférence Nationale Souveraine, Palais du 15 janvier, Ndjaména, 1993 : Djibrine Assali Hamdallah (boubou et calotte) et Adoum Maurice El Bongo (costume/cravate), président de la Conférence.*

L'auteur de ce livre s'est exprimé ici librement
et revendique l'entière responsabilité de son texte.

5-7, rue de l'École-Polytechnique, 75005 Paris
http://www.editions-harmattan.fr

ISBN : 978-2-343-16905-7
EAN : 9782343169057

Mise en page : Anne LEBOSSÉ

PRÉFACE

Cet essai de Djibrine Assali Hamdallah est un témoignage inédit du syndicalisme tchadien sous les régimes politiques des présidents Hissein Habré et Idriss Déby. À travers ces pages, nous découvrons le parcours d'un militant, épris de justice sociale et de justice tout court, très attaché à sa culture, à son pays, à sa religion. Toute sa vie active a été consacrée à la lutte syndicale, à l'amélioration des conditions de travail et de vie de ses concitoyens. Jamais, malgré les embûches et les menaces, il ne dévie des objectifs fixés, avec une détermination et une honnêteté rares dans notre pays où les conditions de vie et de liberté sont tellement aléatoires que certaines compromissions apparaissent sinon normales, du moins excusables. C'est l'une des raisons pour laquelle, ce témoignage écrit en exil, avec un accent de sincérité qui ne trompe pas, a valeur d'exemple et m'a touché à tel point qu'à la demande de mon compatriote j'ai accepté d'en faire la préface.

Je crois que les valeurs religieuses et humaines qui sont les siennes, son honnêteté intransigeante, il les doit en grande partie à son père, un iman très respecté qui a su les lui inculquer, sans intolérance, puisqu'il a autorisé ses enfants à fréquenter l'école de Baro, dans le Guéra, dirigée par un curé français. Ce qui a permis au jeune Djibrine de prendre goût aux études, de devenir instituteur puis de poursuivre des études jusqu'à l'obtention d'une licence en droit.

Très vite, Djibrine Assali prend conscience de ce qui est juste ou ne l'est pas, allant parfois à l'encontre des habitudes culturelles ou religieuses, ainsi qu'en témoigne l'épisode de la *diya* [1]. Un tel esprit l'amène naturellement au syndicalisme dont il est l'un des premiers militants. Pas facile d'ailleurs de l'être, de ne pas dévier des objectifs d'un syndicalisme indépendant du politique, constamment confronté aux exigences hégémoniques des différents pouvoirs en place qui transgressent en toute illégalité et impunité les lois syndicales, les droits des travailleurs, les droits humains. Le constat qu'en fait Djibrine Assali est accablant et combien révélateur !

La lutte syndicale tchadienne s'inscrit dans ce contexte, une jungle où règne la loi du plus fort, et tente de jouer son rôle de protection des populations travailleuses, d'amélioration de leurs vies et de leurs conditions de travail, avec peu de moyens financiers, quelques aides syndicales internationales, des grèves incessantes, de nombreuses protestations auprès des instances syndicales internationales. C'est une lutte permanente, inégale et piégée, où le découragement n'est pas de mise, où il faut faire face aux menaces sournoises, à de multiples tracasseries, aux dénis, aux accusations mensongères, aux fallacieux appâts, à la déstabilisation par la mise en place de syndicalistes acquis au pouvoir et de faux syndicats ! Elle gagne parfois des combats, perd souvent, finit malgré tout, grâce à son obstination, par avancer pas à pas.

Compte tenu de cet état de fait, il n'est pas surprenant que s'installe une instabilité sociale, allant de pair avec une

1. Cf. p. 21-24.

instabilité politique coupée d'épisodes tragiques. C'est ainsi que n'ont jamais cessé les rébellions armées qui ont débuté peu après l'indépendance du Tchad.

Pour Djibrine Assali Hamdallah, les dirigeants tchadiens parviennent difficilement à se soustraire aux traditions ancestrales dont la persistance plombe le développement du Tchad et son essor vers le progrès. De telles mentalités, ancrées dans le passé sans vision d'avenir, ne peuvent qu'induire la mal-gouvernance, la corruption, le népotisme, un pouvoir autoritaire avec en corollaire le rejet atavique de la démocratie, quels que soient les discours se voulant rassurants, discours et déclarations destinés en premier lieu à l'opinion internationale. Il n'est donc pas étonnant de constater que ceux qui détiennent les rênes du pouvoir s'appuient sur leurs tribus, leurs familles, favorisent leur province d'origine et, de ce fait, perpétuent les divisions claniques, les ressentiments, les sentiments d'injustice, les rébellions.

Reste le comble qu'évoque Djibrine Assali pour en avoir fait l'amère expérience dans le maquis : l'impossibilité des dirigeants de groupes armés en rébellion de s'entendre et de s'allier pour créer les conditions d'une alternance politique. Leurs rivalités, leurs ambitions et l'esprit clanique qu'ils affichent ouvertement, prouvent qu'ils n'ont pas pour objectif un changement de gouvernance et l'émergence d'une nation réellement démocratique mais uniquement la conquête du pouvoir par les armes. À l'exemple de ceux qui les ont précédés dans le maquis et sont ainsi parvenus à la magistrature suprême, ils comptent alors y manœuvrer seuls et y rester le plus longtemps possible.

En conclusion, Djibrine Assali Hamdallah énonce les principes et les objectifs qui lui semblent indispensables pour asseoir la démocratie au Tchad et faire évoluer les mentalités.

Tous ceux qui s'intéressent à notre continent, aux difficultés des populations africaines, à l'instabilité qui prévaut dans la plupart des anciens pays colonisés, notamment par la France, en lisant attentivement ce récit d'une vie vouée à la lutte syndicale, comprendront le rôle essentiel joué par les syndicats, en ce qui nous concerne au Tchad, comme également celui de nombreuses ONG présentes et actives sur le terrain. Ces organisations et le syndicalisme, tel que le conçoit Djibrine Assali, grâce à leur esprit, leurs statuts, leurs actions et leurs combats, portent en eux les germes des démocraties de demain.

Aux lecteurs de ce témoignage, humble et sincère, qui plonge ses racines dans les réalités du pays et le vécu des Tchadiens, d'en tirer une image contrastée, vitalité du syndicalisme et sa fragilisation par le pouvoir politique, image qui diffère sensiblement de ce que l'on croit savoir de nos pays à travers les discours, expertises et analyses effleurant la surface des problèmes sans en toucher le fond.

Antoine BANGUI

À tous les membres de ma nombreuse famille à qui je demande pardon pour toutes les souffrances ainsi que pour toutes les privations qu'ils ont subies à cause de mes nombreuses absences et de mes aventures

À tous les militants, à toutes les militantes et à tous les sympathisants et sympatisantes de l'Union des Syndicats du Tchad (UST).

À la mémoire de nos camarades décédés. Qu'ils reposent en paix, au paradis.

J'ai longtemps hésité avant d'écrire ce témoignage sur ma vie, mes activités professionnelles, syndicales, politiques et sociales. Exilé, loin de mon pays, je n'avais à ma disposition que ma mémoire, plus ou moins fidèle, sans possibilié de consulter les documents ou archives nécessaires. Je ne pense pas cependant que l'authenticité de ce témoignage en soit compromise, même s'il est affecté d'omissions et d'inévitables erreurs. Je demande donc l'indulgence de mes éventuels lecteurs pour les lacunes, les insuffisances ou les inexactitudes qu'ils pourraient y relever.

Je me suis lancé dans ce récit pour plusieurs raisons. En premier lieu, je voulais combler un vide : à ma connaissance, aucun syndicaliste tchadien n'a à ce jour témoigné sur ses activités au sein de son syndicat ni sur le syndicalisme lui-même. Je disposais d'une longue expérience syndicale et politique et d'une bonne connaissance des outils internationaux tels que la Charte internationale des droits de l'homme, la Charte africaine des droits de l'homme et des peuples, les Conventions de l'Organisation internationale du travail (OIT), les lois nationales sur le Code du travail. Je disposais aussi de documents tels que les textes réglementaires qui régissent les relations professionnelles qui sont signalés en annexe.

Je souhaitais aussi contribuer à l'information et/ou à la formation des jeunes syndicalistes, délégués du personnel, travailleurs ou chercheurs intéressés ou mobilisés par le syndicalisme, en particulier par notre syndicat tchadien.

Bien que ce récit soit autobiographique et m'amène donc à parler longuement de moi, je tiens à dire d'entrée qu'un syndicat est un collectif dont l'efficacité et le mérite reviennent à l'ensemble des travailleurs et travailleuses qui le composent, aussi bien dans le secteur public que privé. Sans leur engagement, leur mobilisation, leur détermination et leur soutien constant dans la lutte, le syndicalisme est privé de sens. Sans eux rien ne pourrait aboutir.

Après m'être présenté et avoir donné quelques aperçus de ma vie personnelle, j'ai essayé de retracer avec le plus d'exactitude possible mon parcours professionnel, organisé autour des luttes syndicales et politiques menées avec mes concitoyens, camarades travailleurs et travailleuses. Ensemble nous avons obtenu de réels acquis sociaux.

Je ne pouvais terminer cette autobiographie sans évoquer mon expérience dans la rébellion du Darfour. Pour moi, cet engagement faisait partie du combat nécessaire pour apporter plus de justice et de démocratie dans mon pays.

I

ÉCOLIER, ÉTUDIANT, ENSEIGNANT, SALARIÉ

Une authentique culture musulmane en héritage

Je suis né en 1949 à Oumrane, canton Dadjo Eref, préfecture de Mangalmé, région du Guéra. Mon père, Faki Assali Hamdallah, était un marabout réputé qui avait deux épouses, l'une était de la tribu Dadjo, comme lui, tandis que ma mère venait de l'ethnie Bidio, une communauté voisine. J'eus donc de nombreux frères et sœurs.

Selon ma mère, j'avais environ quatre ans quand, à la demande du chef de canton de Migami, mon père déménagea avec toute sa famille à Baro, le chef-lieu du canton où il resta jusqu'à sa mort en 1992. Il cumulait auprès du chef, Mahareb Madalal, les fonctions d'imam et d'assistant de justice. Bien que ses jugements soient inspirés par les préceptes du Coran, il n'avait pas la sévérité de ceux qui, se référant à la Charia, imposaient de cruels châtiments corporels. À ces sévices, mon père préférait des amendes.

Je me souviens non sans émotion de mon enfance dans le village de Baro. La vie des enfants de cette époque n'est ni triste, ni monotone. C'est une vie très active : dès le lever du jour, les plus jeunes vont à l'école catholique dirigée par un prêtre, le père Carard. Chaque matin, on le voit parcourir le village à la recherche des élèves qui traînent encore chez eux, obligeant les jeunes garçons qu'il rencontre à aller à l'école. Cela ne se passe pas sans quelques accrochages avec certains parents hostiles à la scolarisation de leurs enfants. Par ignorance ou par nécessité, ils préfèrent les garder auprès d'eux pour les aider dans les travaux de la maison, des champs, ou encore pour surveiller les troupeaux. Pourtant, l'école offre gratuitement aux petits nouveaux ardoises et craies et aux plus grands, cahiers, livres et stylos à bille. Dans ce milieu villageois de Baro, le père Carard fait preuve d'une grande attention et de beaucoup d'obstination pour que ces enfants suivent une scolarité normale dans sa petite école. Mais pour nous, les garçons de la famille du marabout, pas de visite du père Carard. Pour deux raisons, je pense : la première tient à la fonction de notre père, l'imam respecté du chef-lieu de canton ; la seconde vient de la proximité de nos cases avec celles du chef de canton. Par respect, je pense, pour l'autorité traditionnelle, le père Carard n'ose pas venir nous chercher comme il le fait avec les autres gamins du village. Pour autant, ce n'est pour nous qu'un privilège apparent, car nos journées sont occupées du matin au soir par l'apprentissage du Coran sous la conduite de notre père. Selon leurs disponibilités, d'autres enfants du voisinage nous rejoignent. En outre, tous les deux ou trois jours, entre 16 et 18 heures, nous battons la brousse pour ramasser le bois sec qu'on brûle pour éclairer les heures de la nuit ou celles de l'aube où nous lisons le Coran. À cette époque, à Baro, il n'existe pas de lampe-tempête et encore moins d'électricité !

Cette vie ainsi réglée va changer un matin de 1959. Ce jour-là, à l'insu de nous tous, notre grand frère,

Zakaria Assali, va voir le directeur de l'école, accompagné de Khamis Mahareb, le fils aîné du chef de canton déjà admis au cours moyen 1ère année. Il explique au père Carard que nous aimerions bien être inscrits dans son école, mais que notre père s'y oppose. Encouragé par cette démarche inespérée, le père Carard et son interprète se font conduire à notre domicile. Un dialogue quelque peu houleux s'engage alors entre mon père et lui, le directeur de l'école catholique.

— Pourquoi empêchez-vous vos enfants d'aller à l'école alors qu'ils ont déjà dépassé l'âge scolaire, demande le père Carard.

— Parce que votre école est catholique, répond mon père. On y enseigne le catéchisme aux enfants pour en faire des chrétiens alors que moi je suis musulman et de surcroît imam ! Jamais, je n'accepterai que mes enfants se convertissent à votre religion. Telle est ma volonté !

Le père Carard explique alors patiemment :

— Non, non ! Vous vous trompez ! Dans notre école, seuls les enfants dont les parents sont déjà chrétiens suivent les leçons de catéchisme ! On n'oblige aucun de nos élèves à se convertir ! Pour preuve, les enfants du chef de canton n'ont jamais assisté aux cours de catéchisme comme peut en témoigner Khamis Mahareb, l'un de ses fils ici présent. Les matières enseignées sont le français, le calcul, la grammaire, l'histoire, la géographie, les sciences d'observation.

— Oui, confirme Khamis Mahareb, le père Carard dit la vérité ! Je n'ai jamais été aux cours de catéchisme !

— Bon, finit par admettre mon père, le marabout, me voilà rassuré ! Si vraiment vous n'enseignez pas le catéchisme aux enfants musulmans et ne cherchez pas à en faire des chrétiens, je ne vois pas d'inconvénient à ce que mes garçons fréquentent votre école !

Voilà enfin la situation éclaircie ! Au grand soulagement de notre frère aîné, Zakaria Assali, notre père autorise l'inscription de ses trois garçons à l'école catholique du père Carard. Nous en sommes tout réjouis ! Malheureusement, cette autorisation n'est pas accordée à nos sœurs, les filles, jugées beaucoup plus utiles à la maison qu'à l'école. Il faut préciser que l'école du père Carard n'est pas mixte, seuls les garçons y sont admis. Il existe pour les filles l'école des sœurs, située à 500 mètres de la nôtre.

Un élève heureux

Nous sommes heureux d'aller à l'école comme presque tous les gamins du village. Cependant, nos tâches quotidiennes ne s'en trouvent pas allégées pour autant : il n'est pas question d'abandonner l'apprentissage du Coran ni les corvées de bois ! Personnellement, je remarque que la mémorisation du Coran et la répétition des exercices ont exercé ma mémoire, et que mon nouvel apprentissage en est facilité. Je comprends et retiens facilement ce qu'on m'enseigne, si bien que mon maître du CP1, avec l'accord du directeur, me fait sauter la classe du CP2 pour entrer directement au CE1. Hélas, le maître chargé de cette classe ne se prive pas d'utiliser la chicotte pour corriger ses élèves ! Et comme je n'ai pas suivi le programme du cours préparatoire 2e année, j'ai des lacunes qu'il ne me pardonne pas. Je suis donc souvent fouetté. Excédé, je décide un jour d'aller voir le directeur et le supplie de me remettre au CP2. Il refuse et je reviens, mécontent, reprendre ma place. Et les coups de chicotte du maître reprennent…

Un jour, n'en pouvant plus, je quitte la classe et je pars dans un bas-fond, derrière la mission catholique. Soudain, je vois apparaître le directeur sur mon terrain de jeu : pourquoi suis-je là et non pas en classe ? Je lui rappelle que je lui ai demandé de me remettre en CP2 pour échapper aux coups de chicotte du maître ! Et je lui redis que je ne veux plus aller dans la classe de ce maître-là ! Face à ma détermination, il accepte. Je rejoins donc le CP2 où je me sens bien plus à l'aise. Le niveau me convient et je suis fier de me retrouver le premier de la classe.

À la rentrée scolaire de l'année suivante, je passe normalement en CE1, dans une classe unique regroupant les élèves des CE1 et CE2 confiée à un jeune enseignant consciencieux, Samedi Laurent. Sa classe est divisée en deux parties : la rangée de droite est occupée par les élèves du CE1, celle de gauche par ceux du CE2.

Une autre école catholique, dont le cycle s'arrête au CE2, est ouverte au village de Dadouar, non loin de la sous-préfecture de Bitkine. Les élèves admis dans la classe supérieure, le CM1, doivent, pour continuer leur scolarité, s'inscrire à l'école de Baro pourvue d'un internat qui accueille les élèves des villages environnants. Quelques années plus tard, dans notre région, une troisième école privée catholique accueille jusqu'au CE2 les jeunes garçons du village de Dorga qui terminent aussi le cycle primaire à Baro comme internes.

Des missionnaires catholiques compétents et dévoués

Il est temps de dire quelques mots sur l'organisation des missions catholiques. Dans les années 60, les enseignants de ces trois écoles privées catholiques viennent des régions situées au sud du pays. Pour nous, ce sont tous des Sara, l'une des ethnies méridionales du Tchad. Recrutés après le certificat d'études primaires, ils reçoivent pendant neuf mois une formation de maître d'école dans un établissement privé d'études pédagogiques, l'internat Saint-Paul, situé à Fort-Archambault, préfecture du Moyen-Chari. Leurs professeurs sont des curés français qui leur donnent une excellente formation. La preuve en est les résultats du certificat d'études primaires ou du concours d'entrée en sixième qui ont lieu à la fin de chaque année scolaire à Mongo, chef-lieu de la préfecture du Guéra. Leurs élèves obtiennent toujours les premières places, laissant loin derrière eux leurs camarades des écoles publiques ! La réputation de l'école de Baro est telle qu'un ou deux ministres originaires de la zone la choisisse, de préférence aux autres, pour y scolariser leurs garçons.

Mais revenons à notre classe unique CE1/CE2. Elle est confiée à un très bon maître, Samedi Laurent, dont la manière d'enseigner est si intéressante et stimulante que j'assimile sans difficulté toutes les matières du programme et me retrouve le premier de la classe. Compte tenu de mes résultats, après les congés de Noël je quitte la rangée du CE1 pour celle du CE2 ! Cela ne change rien à mon classement ! Je suis toujours premier ! À cette époque, seuls étaient admis en CM2, les élèves qui réussissaient les épreuves du concours d'entrée. À la fin de l'année scolaire 1962-1963, je concours avec mes camarades du CE2 et du CM1. Quand les résultats tombent, je suis le premier des reçus du CE2 et deuxième de ceux du CM1 derrière un élève nommé Welena Pierre, originaire du village de Dadouar. Du CM2, je garde encore de notre maître, Théodore Neil, l'image agréable d'un homme modéré, consciencieux et méthodique.

Aujourd'hui, avec le recul du temps, je me rends compte que nous avons eu la chance d'être scolarisés avec des maîtres compétents, et je dois pour cela rendre un hommage mérité à l'église catholique du Guéra. Grâce à elle, des enfants issus de milieux analphabètes ont pu devenir fonctionnaires dans l'administration publique ou employés du secteur privé. Les populations de ces villages, aujourd'hui encore, en gardent une très grande reconnaissance à l'église catholique.

Des études contrastées. Un enseignant déterminé.

Si, à l'école primaire, je suis un bon élève, je rencontre des difficultés dans le cycle secondaire aussi bien dans la classe de 3e du CEG de Mongo qu'à l'École normale de Sarh. J'échoue une première fois au BEPC que je dois repasser. Je me présente alors au concours d'entrée au Centre pédagogique de Fort-Lamy pour devenir moniteur supérieur. Je réussis le certificat d'aptitude pédagogique et, grâce à mon BEPC que je viens d'obtenir, je suis directement admis en 2e année de l'École normale de Sarh d'où je sors avec le diplôme d'instituteur adjoint. En 1969, je suis affecté à l'école primaire de Moussoro au Kanem.

Ma première revendication est un acte spontané en réponse à la négligence du trésorier-payeur de Moussoro. À l'époque, les bons de caisse établis à Fort-Lamy étaient régulièrement envoyés dans toutes les provinces avant le 25 de chaque mois, date à laquelle nous venions percevoir nos salaires au bureau du trésor. Ce jour-là, c'était en 1970, je me rends avec tous les autres fonctionnaires de Moussoro au trésor. Le guichet est fermé. Nous attendons, le temps passe, il est plus de neuf heures et le bureau n'est toujours pas ouvert ! Un employé du trésor nous dit alors que monsieur Nathanaël, le trésorier-payeur, est parti très tôt le matin au débit de boisson de madame Aïmbaye, au camp militaire.

Cela me contrarie beaucoup… Je suis parti en laissant mes élèves seuls en classe, et d'autres enseignants m'attendent pour venir à leur tour percevoir leur salaire. Et voilà que l'agent du trésor est absent sans raison ! Ce comportement est inadmissible ! En ma qualité de directeur d'école j'ai des responsabilités, je décide donc d'aller dire ses quatre vérités à ce monsieur ! Se croit-il tout permis parce qu'il est l'un des hauts cadres de la localité et qu'il est marié à la fille du sous-préfet ? Comment peut-il traiter avec autant de mépris les autres fonctionnaires ? Je me rends donc à l'adresse indiquée et je le découvre en compagnie d'amis, mangeant de la viande grillée et buvant sa bière ! Je l'interpelle : nous sommes arrivés au trésor pour percevoir nos salaires, son guichet est fermé, nous sommes fatigués de l'attendre et, de plus, nous avons abandonné notre travail ! Que penser d'une telle conduite ? Et je reviens au trésor où je reprends ma place dans la file d'attente.

Une trentaine de minutes plus tard, le trésorier fait son apparition, ouvre son guichet et commence à payer les salaires, mais, quand arrive mon tour, il déclare qu'il ne me paiera pas ! Je souris sans lui répondre et je repars dans ma classe. Le lendemain, à 8 heures, je me présente à nouveau au guichet qui, cette fois, est ouvert. Sans échanger avec moi le moindre mot, il compte les billets et me les remet. J'imagine que la nuit lui a porté conseil…

Après deux années passées à Moussoro, je suis affecté à l'école Bololo de Fort-Lamy. Deux ans plus tard, je suis admis au concours d'entrée en 3e année de l'école normale de Fort-Lamy où j'obtiens mon diplôme d'instituteur. Cette année-là, je suis également reçu au baccalauréat en série A où je m'étais présenté en candidat libre.

Un comportement qui s'écarte des préceptes reçus

J'aurais pu avoir un meilleur parcours scolaire. Plus jeune, on me considérait comme un enfant surdoué pour avoir accompli le cycle primaire en quatre ans au lieu des six ans habituels. Aujourd'hui je pense que c'est mon comportement qui est à l'origine de certains de mes échecs. Mon père m'avait donné des conseils et des règles de vie que je n'ai malheureusement pas suivis. À tous ses enfants, il avait interdit la consommation d'alcool et de tabac. Je lui ai désobéi dès mon entrée en sixième, entraîné par deux de mes amis, Gayaplé Garsekoum et Haroun Alhabo. Je buvais et fumais comme eux ! J'ai arrêté la cigarette en 1980 et cessé de consommer de l'alcool dix-huit ans plus tard, en 1998 !

Mon père était alors très mécontent de moi, pas seulement à cause de ma conduite, mais aussi parce qu'après son divorce d'avec ma mère j'avais quitté le foyer paternel pour aller vivre chez elle. Elle avait emménagé dans une case cédée par le chef de canton : elle m'avait proposé de me loger si mon père m'obligeait à travailler dans les champs. Avec ma mère j'étais à la fois libre et choyé ! Je dors encore quand elle dépose le matin sur ma table de chevet quelques pièces de monnaie pour mes cigarettes avant de partir au champ d'où elle ne rentre qu'en fin d'après-midi !

Ma désinvolture, mon ingratitude à son égard, ma consommation d'alcool et de cigarettes, choquent profondément mon père dont je suis pourtant le fils préféré. Je le déçois d'autant plus qu'il m'admire pour l'intelligence dont j'ai fait preuve à l'école et ma faculté d'assimilation du Coran.

Une autre cause de son mécontentement : le changement de mon nom ! Depuis mon inscription à l'école de Baro, l'habitude est de m'appeler Djibrine Jean et non Djibrine Assali. Jean, c'est un prénom chrétien, ce qui fait croire à mon père que je me suis converti au catholicisme ! Il en est d'autant plus blessé que l'on me connaît sous ce nom depuis ma scolarité primaire jusqu'à mon entrée dans la fonction publique. J'ai en effet gardé ce prénom de Jean jusqu'en 1973, date à laquelle le président Tombalbaye, sous l'influence de son collègue Mobutu Sese Seko du Zaïre, impose à tous ses concitoyens une « politique d'authenticité ». Nous avons alors dû reprendre les noms tchadiens, soit musulmans, soit ethniques, et j'ai retrouvé mon identité d'origine : Djibrine Assali Hamdallah, conformément à la tradition musulmane du Tchad ; Assali étant le nom de mon père, et Hamdallah celui de mon grand-père.

Je veux rappeler ici l'une de nos anciennes croyances. Lorsque les parents, (père ou mère) sont mécontents du comportement de leur enfant, il suffit qu'ils lui jettent un mauvais sort pour que cet enfant en soit psychologiquement troublé et sa vie perturbée. Pire, il peut même dans certains cas perdre la raison. Alors, même si nos croyances et traditions semblent peu à peu disparaître, je me permets de donner un conseil aux jeunes gens qui aiment tant leur liberté : ne désobéissez pas à vos parents, respectez-les et suivez leurs recommandations. Ils ont de bonnes raisons pour cela !

J'ai compris l'irritation de mon père quand, après un déclic salutaire, je suis entré à la tarîqa tidjanya où ma pratique religieuse s'est consolidée à tel point que, depuis, je parviens à lire en entier le Coran au moins une fois par mois ! Malheureusement, mon père, lui-même un grand tidjani, mort six ans auparavant, n'était plus là. Il aurait été fier de constater ma métamorphose et m'aurait donné sa bénédiction. Pour moi, mon père est un guide. C'est la raison pour laquelle, je veux rappeler ici les circonstances de son décès et le différend qui m'a ensuite opposé à mes oncles au sujet de la diya, « le prix du sang », que le responsable de la mort d'un homme doit payer à sa famille.

Le décès de mon père.
Ses valeurs religieuses et morales en héritage.

Alors qu'il revenait d'une cérémonie mortuaire, mon père est renversé, encorné par un taureau échappé à la surveillance de son propriétaire, un Arabe qui le conduisait au marché de Mongo. Emmené d'urgence au dispensaire de Baro, il décède quelques heures plus tard. Mais, avant de rendre l'âme, il charge son ami et confident, Adoum Doungous, de me demander de lui pardonner. C'était plutôt à moi d'implorer son pardon ! Mais je comprends que Dieu le Miséricordieux, l'Omniscient, avait pris acte de notre désir mutuel de nous pardonner. Depuis lors, chaque jour, matin et soir, je fais des prières pour le repos de l'âme de mon père.

Quand cet accident est survenu, j'étais à Ndjaména. Le temps que j'arrive, la communauté arabe avait déjà rassemblé les trente-deux bœufs de la *diya* exigée par mes oncles. Je vais les voir et leur demande d'annuler l'accord conclu avec les Arabes ; j'explique que nous n'avons pas besoin de cette diya. Ma décision les irrite et suscite leurs vives protestations. Je leur rappelle alors qu'en 1964 un prêtre catholique, le révérend père Cavoret, avait tué accidentellement mon petit frère, Yahia Assali, et que s'était posée la question de la diya. Mon père avait alors dit qu'il ne réclamait rien au père Cavoret. Selon lui, s'était accompli le destin de son fils, voulu par Dieu. Donc, si mon père, de son vivant, avait refusé de prendre la diya des mains d'un Blanc, responsable sans le vouloir de la mort de son fils, comment pouvions-nous exiger la diya d'un Arabe, non seulement un musulman comme nous, mais aussi un frère tchadien ? Cet argument irréfutable finit par convaincre mes oncles de renoncer à la diya. Néanmoins, ils demandent que soit donné un bœuf pour le sacrifice. Mais les Arabes nous présentent une vieille vache très maigre, en avançant l'étrange prétexte que mon père était également vieux ! Ce raisonnement tordu a pour effet immédiat d'exaspérer tous les parents qui exigent alors qu'on remplace la vieille vache par le taureau responsable de la mort de mon vieux père. Je ne me souviens pas si nous avons obtenu ce taureau, mais toujours est-il que la vieille vache maigre a été remplacée par une bête acceptable…

Avant de revenir à Ndjaména, j'insiste pour être accompagné à la gendarmerie de Mongo par une délégation de notables arabes pour y faire un procès-verbal légalisant l'accord conclu à Baro. Ce qui est fait. C'était une façon de clore définitivment cette question de la diya et d'apaiser les relations entre nos communautés.

Il y a des retours inattendus. Quelques années plus tard, alors que j'anime dans le Darfour soudanais une rébellion contre le pouvoir central de Ndjaména, quelle n'est pas ma surprise de recevoir la visite d'un jeune combattant arabe, membre d'un autre mouvement rebelle, l'UFDD-F (Union des Forces pour la Démocratie et le Développement-

Fondamental) d'Abdoulaye Aboud Mackaye ! Il me dit qu'il était à Baro lors du décès de mon père et que, depuis ce malheureux accident, non seulement les membres des deux communautés, arabe et dadjo, se traitent en frères, mais que lui-même ne perd jamais l'occasion de raconter à ses frères et collègues de son mouvement rebelle les circonstances de la mort de mon père et d'attirer leur attention sur la manière dont j'avais convaincu mes parents dadjo d'abolir la diya entre nos communautés. J'en suis profondément ému et je suis très heureux d'apprendre que ma décision, contraire aux strictes prescriptions religieuses traditionnelles, avait durablement renforcé les liens de fraternité entre les communautés de notre même région.

J'ai eu aussi l'occasion de reparler de la diya avec le révérend père Cavoret, croisé par hasard en l'an 2000 devant la grande poste de Ndjaména. Tout d'abord il ne m'a pas reconnu, mais quand je lui rappelle mon nom, Djibrine Assali Hamdallah, nous nous étreignons avec effusion. Malgré son grand âge il se rappelle bien l'accident de 1964. Il me dit qu'il avait immédiatement posé à mon père la question de la diya et que mon père lui avait répondu qu'il ne réclamait rien. Le père Cavoret me demande alors ce que nous, ses enfants aujourd'hui adultes, nous en pensons. Je l'assure que je partage entièrement la décision de mon père regretté : je ne veux pas de la diya. Je tiens cependant à préciser, qu'étant à cette époque agent d'assurance, je savais que la diya, si nous l'avions acceptée, aurait été payée non pas par le diocèse mais par la compagnie d'assurance, en l'occurrence la STAR Nationale, qui assurait tous les véhicules qui appartenaient aux personnels de l'église. Pour rappel, le montant de la diya conclue à l'amiable est actuellement de 2 500 000 francs CFA, soit environ 4 000 euros. Ce montant est d'usage dans les communautés du Tchad, à l'exception de celle des Goranes qui exige 4 000 000 de francs CFA, soit près de 6 000 euros.

Pour moi, ce qui importe n'est pas l'argent ni de savoir qui paie et comment, l'important c'est le principe même de la diya. Accepter l'argent de la diya, n'est-ce pas accepter de vendre la mort de son parent ? Cependant, si l'on s'en réfère à la loi du Coran, la diya est d'ordre divin. Raison, coutume, religion, diya, pas diya ?... Il appartient à chacun de faire lui-même, en conscience, le juste choix.

Un musulman soucieux de son appartenance religieuse. Les divergences entre Tidjania et Wahabisme.

Les réflexions qui précèdent m'amènent à évoquer nos pratiques religieuses et leurs divergences, en particulier entre les confréries tidjani et sunnite du Guéra. Je les évoquerai en rapportant trois histoires réelles. Je dédie la première à ces jeunes gens qui, imbus de leurs connaissances de l'islam fraîchement acquises à Abéché ou au Soudan, ont tendance aujourd'hui à déprécier les anciens marabouts, voire à les mépriser. L'un d'eux n'aimait pas mon père, tout simplement parce qu'il n'aimait pas sa manière de conduire les prières, de faire les *du'a*, de pratiquer la *wazîfa* et le *wird* [1]. Il porta donc plainte contre lui auprès des autorités religieuses de Mongo.

Arrive la date de la convocation des deux parties qui doivent s'expliquer devant le Comité islamique. C'est alors que le jeune plaignant tombe brusquement malade, victime d'un mal mystérieux. Le marabout chez lequel

1. Prières, invocations pieuses, responsabilité.

il loge l'interroge : que lui arrive-t-il ? Péniblement, le jeune homme parvient à faire état de son différend avec l'imam Assali. Son hôte l'écoute et, bien que membre de la Confrérie wahabite, lui conseille vivement d'aller présenter ses excuses à l'imam, mon père. Mais le malade étant incapable de se lever du lit, le marabout, pris de pitié, part à la recherche de mon père qu'il trouve tout près de là. Lorsque les deux hommes reviennent au chevet du malade, il est trop tard. Le malheureux a déjà rendu l'âme.

Après ce décès inexpliqué, plus personne dans la région n'osa contester l'autorité religieuse de mon père ou lui faire des remarques sur sa manière de pratiquer les rituels de la religion musulmane. Aussi, a-t-il gardé sa fonction d'imam jusqu'à sa mort. Mais aussitôt après son décès, les sunnites, largement majoritaires à Baro, s'entendirent pour désigner l'un des leurs à sa succession.

La deuxième histoire est celle de mon oncle maternel, Bichara Youssouf, plus connu sous le nom « d'Abou Kalam ». Il était le grand frère de ma mère, tous les deux de mêmes père et mère. De nature peu sérieux, il ne pensait qu'à lui, se souciant d'abord de ses intérêts sans se préoccuper de son prochain ni de ses devoirs. Il vivait dans le village de Kourboul auprès de ma grand-mère.

À son décès, ma grand-mère laisse à ses enfants quelques bovins en héritage. Ma mère n'a pas l'idée de poser des questions sur ce qui lui revient, d'autant qu'elle vit à Baro, éloignée de son frère d'une trentaine de kilomètres. Elle ne repense à ces bœufs, dont son frère a la gestion, qu'à la fin de mes vacances scolaires, lorsque je lui demande un peu d'argent pour reprendre mes études. Qu'à cela ne tienne, j'irai voir mon oncle à Kourboul, il vendra l'un des bœufs dont elle a hérité, et il pourra me remettre 3 000 francs CFA, l'équivalent de 5 euros environ. Trop jeune pour faire seul un si long trajet, je suis accompagné par mon cousin, feu Ahmat Ardep. Mon oncle m'apprend alors que tous les bœufs ont été vendus il y a longtemps et qu'il n'a pas un seul centime à me donner ! Nous repartons sans rien. Ma mère, dépossédée de ce modeste héritage, doit donc se débrouiller pour trouver la somme qui me permette de continuer ma scolarité. Il va sans dire que ma mère et son grand frère furent brouillés à jamais…

Cet homme égoïste en arriva à épouser plus de dix femmes ! Devenu vieux, complètement démuni, il débarque à Ndjaména pour vivre chez son fils Abdelnabi Bichara. Malade peu après, il constate que son fils fait partie de la confrérie sunnite. Il en est si contrarié qu'il décide de venir habiter chez moi. Je l'accueille et prends soin de lui. Un jour, pressentant sa mort, il m'appelle et me prie de n'accepter aucune somme d'argent de la part de son fils Abdelnabi pour payer les frais de son sacrifice posthume. Si je ne respecte pas cette demande il ne me pardonnera pas : il refuse que l'argent d'un sunnite soit utilisé pour son sacrifice.

À son décès, comme il se doit, son fils Abdelnabi vient m'apporter 25 000 francs CFA pour faire face aux dépenses funéraires. Je fais alors venir le cheikh Dahyé, un grand marabout de notre quartier, en présence duquel je révèle à Abdelnabi les dernières volontés de son père et, pour les respecter, je lui rends l'argent. Même après tout ce temps passé, je ressens encore la gêne de cette situation déplaisante dans laquelle m'avait mis mon oncle. Cette pénible affaire permet cependant de comprendre comment des divergences portant sur certains points de la religion entre les confréries tidjani et sunnite du Guéra, peuvent aller jusqu'à provoquer des ruptures familiales, en l'occurrence entre un père et son fils.

J'en tire également une autre leçon : il est important de penser aux autres, d'entretenir les liens familiaux, et d'aider les enfants lorsqu'ils en ont besoin, car on ne sait rien de l'avenir, de ce que leur réserve le Bon Dieu. Bien que je lui aie pardonné depuis longtemps son indifférence et son égoïsme, je n'ai pas oublié le mauvais souvenir que m'a laissé mon oncle quand, adolescent, je lui ai demandé d'honorer sa dette envers sa sœur, ma mère…

La troisième histoire, concerne un certain Adoum Doungous, alias Adoum Kouka. C'était un petit commerçant du Batha, arrivé dans notre village avec pour toute richesse son âne, deux ou trois pains de sucre et quelques poignées de thé. Comme tous les « étrangers » de passage à Baro qui n'ont pas de parents dans le village, il loge chez nous, à cette différence près qu'il n'est pas vraiment de passage ! Il est venu avec la ferme intention de s'installer. Peu après, le rejoignent son épouse, ses enfants, ses cousins, ses neveux ! Pour qu'ils puissent construire leurs cases, des parcelles de terrain leur sont gracieusement attribuées. La sienne étant proche de la nôtre, Adoum Kouka est constamment chez mon père, sauf le jeudi, jour du marché hebdomadaire de Baro. Cette proximité et la disponibilité constante de mon père, toujours prêt à rendre service à son prochain, font qu'il noue avec lui une solide amitié, et que, de plus, il apprend le Coran et devient un fervent adepte de la Tarîqa Tidjania. Par ailleurs, son commerce prospère au point qu'il ne tarde pas à être en peu de temps le plus grand commerçant de Baro, devenu depuis peu chef-lieu de sous-préfecture.

Il a alors suffisamment d'argent pour aller en pèlerinage à la Mecque, d'où il revient transformé. Certes, il ne rompt pas ses liens avec mon père, mais il remplace ses anciens amis par des sunnites qu'il fréquente assidûment. Il mène grand train de vie et sa fortune fond rapidement. Devenu en peu de temps pauvre et malheureux, il vient me trouver à Ndjaména. Il m'explique sa désastreuse faillite et me demande de l'aider : ne pourrais-je pas l'accompagner chez le Directeur général de la SONASUT (Société nationale sucrière du Tchad) pour obtenir à crédit cent sacs de sucre dont il s'engage à rembourser le montant aussitôt après leur vente ? Effectivement, grâce à mon appui, on lui accorde ces sacs de sucre pour lesquels je me porte garant, et il peut reprendre son petit commerce. Mais cette faveur provoque le mécontentement de l'association des commerçants du Guéra, tous membres du Mouvement patriotique du salut (MPS). Ils ne comprennent pas qu'un commerçant non ressortissant du Guéra puisse bénéficier d'une telle faveur ; eux, les natifs de la région, se sentent défavorisés. Et voilà qu'il revient à la charge : ne pourrait-on porter à 200 le nombre de sacs de sucre cédés à crédit ? Cette fois encore, grâce à mon intervention, il obtient ce qu'il demande. Pourtant, malgré ce dernier prêt, « l'affaire de mon oncle », comme diraient les enfants d'aujourd'hui, fait à nouveau faillite, irrémédiablement cette fois. Par chance, il possède encore un troupeau de bœufs qu'il vend pour éponger ses dettes contractées à la SONASUT. Mais à sa mort, en 2017, il laisse de nombreux orphelins sans ressources.

Si j'ai raconté l'histoire de cet homme c'est parce qu'elle me paraît illustrer les exigences de la « Tariqa Tidjanya » pour tout musulman. Lorsqu'un croyant rejoint cette confrérie, le marabout qui lui fait passer les rites l'informe que son engagement est définitif. Jusqu'à sa mort, il doit lui être fidèle. S'il la quitte, il doit s'attendre à des malheurs et de graves ennuis. N'est-ce pas ce qui est arrivé à notre malheureux commerçant ?

Après ces quelques anecdotes qui m'ont semblé importantes pour expliquer ce qui a influencé ma vie de croyant musulman très attaché à sa culture originelle, j'en viens à mon parcours professionnel.

Un salarié soucieux de l'intérêt collectif

J'étais jeune instituteur quand, le 13 avril 1975, un coup d'État renverse le président Tombalbaye. Il y perd la vie. Le régime qui suit décide de donner des bourses à des bacheliers pour faire des études de Relations internationales. J'ai la chance de faire partie du groupe des étudiants envoyés en Belgique. Mais, après un an de difficultés financières dues aux retards dans le paiement des bourses, d'ailleurs fort maigres, 35 000 francs CFA, à peine 54 euros actuels, la plupart d'entre nous décident de quitter la Belgique pour continuer leurs études en France. Pour ma part, je choisis de m'inscrire à l'Institut d'études politiques d'Aix-en-Provence. J'ai du mal à suivre et je redouble ma 1ère année. En novembre 1978, je suis rappelé au pays. Plutôt que de réintégrer la fonction publique je préfère rester à la maison. Je suis alors sans travail, mais un jour j'entends à la radio un communiqué de la compagnie d'assurances, la STAR Nationale (Société tchadienne d'assurances et de réassurances), qui cherche à recruter deux agents. Je réussis le concours et j'intègre la compagnie qui me forme comme agent d'assurances. J'embrasse ainsi un nouveau métier qui me plaît, mieux rémunéré que celui d'enseignant. Après quelques années de pratique et d'apprentissage sur le tas, je suis envoyé à l'Institut africain des assurances de Tunis d'où je sors troisième de ma promotion.

J'avais repris goût aux études et, dès mon retour de Tunis, tout en continuant mon travail à la STAR Nationale, je m'inscris comme étudiant libre en 1ère année au département de Droit et technique juridique de l'université du Tchad, devenue aujourd'hui l'Université de Ndjaména. En 1977, j'obtiens une licence en droit.

Pendant ma période de travail à la Star Nationale, trois acquis importants pour les employés sont à inscrire à mon actif. En premier lieu, je fais observer à la direction générale de la Star que, contrairement à ce qui est fait, le délégué du personnel doit être élu par l'ensemble des employés de l'entreprise et non pas désigné par la direction. Cette disposition figure dans le Code du travail et je n'ai donc aucun mal à convaincre la direction de la Star. Sont alors organisées des élections où je suis élu délégué du personnel.

Ma deuxième réussite concerne l'attribution à chaque membre du personnel d'une « prime de guerre ». Je soumets cette revendication à la direction générale à la suite de la guerre civile du 12 février 1979, déclenchée alors que nous étions sur notre lieu de travail. Compte tenu de la violence des combats, il était périlleux de regagner nos domiciles : nous risquions sur le trajet d'être victimes de balles perdues. Convaincue par mes arguments, la direction générale, alors tenue par le révolutionnaire et progressiste feu Ousmane Gam, accepte d'accorder à tous les salariés, du planton jusqu'au plus haut gradé, une somme forfaitaire de 25 000 francs CFA en tant que « prime de guerre ». C'est une première au Tchad, le moins qu'on puisse dire !

Le troisième acquis est la création d'une Caisse de solidarité pour le personnel de la Société. Il est difficile, avec nos salaires, de faire face aux événements familiaux tels que les décès, les maladies, les mariages, les naissances, la circoncision des enfants, etc. Nous convainquons alors le personnel et la Direction générale, de la nécessité de créer une Caisse de solidarité alimentée par un prélèvement d'un pour cent (1 %) sur tous les salaires, y compris ceux du Directeur général et de son adjoint. la Société est en outre tenue de verser une contribution mensuelle de 50 000 francs CFA. Les montants des sommes à prélever sur la caisse sont calculés en fonction des situations de chacun. Cette initiative, inédite dans notre pays, a contribué à créer entre les employés, quelle que soit leur appartenance régionale ou religieuse, une solidarité et une unité très réelles. Au sein de notre Société, la cohésion et l'entente ainsi créées ont fait que, tant que j'y ai travaillé, il n'y a jamais eu un conflit social majeur.

C'est pendant cette période de ma présence à la Compagnie d'assurances que va naître une Centrale syndicale qui comble un vide de plusieurs années.

II

CRÉATION ET ACTIVITÉS DE LA CONFÉDÉRATION SYNDICALE DU TCHAD (CST)

Les origines de la Confédération Syndicale du Tchad

La guerre civile de février 1979 a eu, entre autres conséquences, une désorganisation de la société avec la fermeture de plusieurs entreprises, suivie du départ de nombreux travailleurs et travailleuses dans leurs régions d'origine.

Dans cette situation catastrophique, un groupe de Tchadiens se forme avec l'intention de créer un Comité d'action ouvrière qui inciterait les travailleurs à regagner leur domicile d'origine mais aussi à reprendre leur travail dès la réouverture de leur entreprise. Ce groupe cherche aussi à contacter les organisations non gouvernementales (ONG) pour recueillir des dons en nature ou en espèces, en faveur des travailleurs en très grande difficulté.

Dans le courant de mai 1979, ce groupe réunit les délégués du personnel de différentes sociétés pour leur présenter le Comité d'action ouvrière ainsi que ses objectifs. Beaucoup d'entre nous réagissent alors en proposant à sa place la création d'une organisation syndicale, expliquant qu'un Comité d'action ouvrière n'a qu'un caractère conjoncturel et ne repose sur aucune base légale ou juridique. Cette proposition est approuvée par toute l'assistance. C'est ainsi que le 7 octobre 1979, réunis dans la grande salle du ministère des Affaires étrangères, plus d'une centaine de délégués du personnel, des fonctionnaires, des travailleurs et travailleuses, des hommes politiques et même de simples curieux, participent à l'Assemblée générale constitutive de la Confédération syndicale du Tchad (CST).

Il faut prende en compte que cet événement se déroule dans un contexte d'instabilité politique où les différentes tendances politico-militaires font tout pour accaparer le pouvoir. Les initiateurs de ce projet syndical sont pour la plupart des militants des Forces armées du Nord (FAN) de Hissein Habré. À leur tête un ancien syndicaliste, du nom d'Issaka Hassan, présent dans la vie politique, membre du Comité central des forces armées du Nord (CCFAN), chargé de l'organisation des masses pour la ville de Ndjaména. En mettant en place et en contrôlant éventuellement la première Centrale syndicale du pays, il acte une avancée de son mouvement politico-militaire par rapport aux autres, mais il consolide par la même occasion sa position personnelle au sein de son organisation politique. Au moment où se tient l'Assemblée générale constitutive de la CST, la majorité des participants n'ont aucune conscience de sa stratégie. Ses manœuvres politiciennes ne seront comprises que bien plus tard. Je suis cependant surpris quand, juste avant d'entrer dans la salle de réunion, un camarade du nom de Djonret Tawa, un fidèle lieutenant d'Issaka Hassan, vient me présenter une liste des membres du Bureau exécutif. Je m'étonne naïvement : je croyais que les membres du futur Bureau exécutif allaient être élus par les participants à l'Assemblée générale et non pas désignés par un quelconque petit groupe de participants. Sur cette liste, sont inscrits les noms suivants :

– président : Issaka Hassan ;

– vice-président : Oumar Maras ;

– secrétaire général : Boukar Barka ;

– 1er secrétaire général adjoint : Kadi Mahamat ;

– 2e secrétaire général adjoint : Djonret Tawa ;

– secrétaire confédéral chargé de l'organisation et de l'éducation : Djibrine Assali Hamdallah.

En réponse à ma candeur de néophyte, Djonret Tawa m'explique qu'étant donné la durée que prendra l'examen des amendements des statuts et du règlement intérieur de la Centrale, en fin de matinée les participants seront épuisés. C'est à ce moment qu'un membre de l'assemblée se lèvera pour soumettre aux participants la liste des membres du Bureau exécutif, celle que j'ai sous les yeux. Par lassitude, on devrait l'adopter sans difficulté. Effectivement, c'est ce qui se passe.

La plupart d'entre nous, dépourvus d'expérience syndicale, ne connaissaient pas certaines des Conventions syndicales qui régissent le Code du travail, surtout celles reconnues par l'Organisation internationale du travail. Si bien que nous n'y faisons pas référence dans nos statuts, et que, par ailleurs, nous omettons de relever un point essentiel du texte proposé : à savoir que notre Centrale syndicale est régie dans nos statuts par le décret n°27/INT/SUR du 28 juillet 1962 relatif aux associations. Or ce décret n'est pas adapté à ce qu'est un syndicat. C'est une grave erreur qui nous vaudra par la suite beaucoup de problèmes. C'est, par exemple, en se référant à ce décret que le gouvernement essaiera de dissoudre notre Centrale syndicale en décembre 1990.

La CST ainsi créée, à l'époque l'unique organisation syndicale du pays, nous nous efforçons aussitôt de mettre en place ses structures de base en collaborant avec les syndicats d'entreprises et des services publics ainsi qu'avec les fédérations professionnelles ou des syndicats nationaux affiliés à notre Centrale.

La guerre des 9 mois et ses conséquences

Alors que nous sommes en plein travail d'organisation, au mois de mars 1980 éclate la guerre dite des « neuf mois » opposant à Ndjaména les combattants des FAN à ceux des autres tendances du Gouvernement d'union nationale de transition (GUNT). L'intensité des combats est telle que la ville se vide de ses habitants, les uns fuyant vers leurs régions natales, d'autres se réfugiant dans les villes frontalières du Cameroun ou du Nigeria. Ainsi, toute notre famille déménage-t-elle à Kousseri, au Cameroun où nous nous retrouvons dans d'extrêmes difficultés. Fort heureusement, une antenne de la STAR Nationale s'ouvre à Farcha, le quartier ouest de Ndjaména contrôlé par le GUNT. Je fais partie de la petite équipe qui continue le travail dans la Société. Nous faisons de notre mieux pour répondre aux demandes des clients qui parviennent, malgré la guerre, à maintenir leurs activités de transport, essentiellement avec les pays voisins, en particulier avec le Cameroun et le Nigeria. Grâce à cette relance de nos services, mes conditions de vie et de subsistance s'améliorent.

Je travaille donc à Farcha jusqu'au moment où les FAN sont contraintes de se retirer de Ndjaména, quittent le pays et s'installent au Soudan pour se réorganiser en vue de reprendre les hostilités. À Ndjaména, sous l'autorité de ce qui demeure encore du GUNT, nous retrouvons une existence presque normale. Au siège de la STAR Nationale, le reste du personnel ayant été rappelé, les activités reprennent comme auparavant. Du reste, la plupart des sociétés ou entreprises fonctionnent à nouveau.

Cependant, les principaux dirigeants de la CST étant, nous l'avons vu, d'importants militants des FAN, craignent d'être inquiétés à Ndjaména et partent en exil. C'est la raison pour laquelle, un beau matin, le camarade Djonret Tawa m'informe que le bureau exécutif de la CST va tenir une réunion de concertation dès le lendemain à 10 heures à Kousseri au Cameroun. Comme convenu, je m'y rends. J'y retrouve entre autres, Issaka Hassan, le président, Boukar Barka, le secrétaire général, Kadi Mahamat, le 1er secrétaire général adjoint, Djonret Tawa, le 2e secrétaire général adjoint, etc. À l'issue des pourparlers, en raison du climat d'insécurité qui règne à Ndjaména et qui contraint certains membres du bureau exécutif à ne plus y vivre, on me confie le mandat. À moi de mettre en place le Comité d'action de la CST chargé de mener les activités de la centrale, en particulier d'installer les structures de base et de faire les démarches administratives assurant la reconnaissance officielle de la Centrale syndicale, conformément aux dispositions du décret n°27/INT/SUR du 28 juillet 1962.

En vertu de ce mandat, je convoque quelques jours plus tard les camarades membres du Bureau exécutif et ceux du Conseil syndical national, (CSN) demeurant encore à Ndjaména. Conformément à ce qui a été décidé à Kousseri, nous formons un Comité d'action de la CST dont je deviens le Secrétaire général. Il nous paraît alors opportun de supprimer les postes de président et d'adjoint.

La participation de la CST au Séminaire des cadres

Durant cette période, le gouvernement, qui cherche à normaliser la vie du pays, décide d'organiser du 15 au 20 mai 1981 un Séminaire des cadres avec l'objectif de réfléchir sur ce qui paralyse le fonctionnement de l'État et de proposer des solutions susceptibles de le réorganiser. On me désigne pour faire une intervention au nom de la CST. Le matin de l'ouverture de ce séminaire, aux premières heures du jour, un camarade membre du Bureau exécutif, Djongnang Djé Wangba, se présente chez moi et me dit que le ministre de la Fonction publique et du Travail, Mady Brahim Gustave, demande à me voir de toute urgence à son domicile. Sans tarder, accompagné du camarade Wangba, je me rends chez lui. À ma grande surprise, le ministre m'annonce qu'il vient d'apprendre que j'ai été sollicité pour faire une intervention au Séminaire national des cadres au nom de la CST, mais qu'en sa qualité de ministre de la Fonction publique et du Travail, il me demande d'y renoncer pour plusieurs raisons :

1. la CST a été créée au moment où n'existait pas encore un gouvernement constitué, après la guerre civile de 1979 ;

2. le ministère de la Fonction publique et du Travail de l'époque avait lui-même entamé un processus de création des syndicats pour remplacer ceux dissous en 1975 par le régime militaire. Par conséquent, ce processus sera repris et mené à terme par le nouveau ministre ;

3. enfin, la CST n'a pas encore obtenu du gouvernement actuel l'autorisation légale de fonctionner.

Je ne suis plus aussi ignorant des règles qui régissent l'action syndicale : je me suis informé avec un intérêt passionné. Après avoir écouté le ministre, je lui oppose les arguments suivants :

1. la convention n°87 de OIT, relative à la liberté syndicale et à la protection des droits syndicaux ainsi que la loi n°7/66 portant sur le Code du travail et de la prévoyance sociale au Tchad, donnent droit aux travailleurs et travailleuses de s'organiser en syndicats, indépendamment de l'existence ou non d'un gouvernement ;

2. la création des syndicats ne relève que de la volonté des travailleurs et des travailleuses et en aucun cas d'une initiative gouvernementale ;

3. la convention de l'OIT et la loi n°7/66 sus-mentionnées ne soumettent pas l'existence des organisations syndicales à la délivrance d'une autorisation attribuée par un gouvernement, quel qu'il soit.[1] Si, par le passé, il en était ainsi, c'était, d'une part, en raison de l'ignorance des syndicalistes dans ce domaine et, d'autre part, en raison d'un abus de pouvoir du gouvernement.

De plus, je fais état de quelques articles de la Convention 87 relative à la liberté syndicale et à la protection du droit syndical :

ARTICLE 1. Tout membre de l'Organisation internationale du Travail pour lequel la présente convention est en vigueur s'engage à donner effet aux dispositions suivantes.

ARTICLE 2. Les travailleurs et les employeurs, sans distinction d'aucune sorte, ont le droit, sans autorisation préalable, de constituer des organisations de leur choix, ainsi que celui de s'affilier à ces organisations, à la seule condition de se conformer aux statuts de ces dernières.

ARTICLE 3. Les organisations de travailleurs et d'employeurs ont le droit d'élaborer leurs statuts

1 Documents en annexe.

et règlements administratifs, d'élire librement leurs représentants, d'organiser leur gestion et leur activité, et de formuler leur programme d'action. Les autorités publiques doivent s'abstenir de toute intervention de nature à limiter ce droit ou à en entraver l'exercice légal.

ARTICLE 4. Les organisations de travailleurs et d'employeurs ne sont pas sujettes à dissolution ou à suspension par voie administrative.

ARTICLE 5. Les organisations de travailleurs et d'employeurs ont le droit de constituer des fédérations et des confédérations ainsi que celui de s'y affilier, et toute organisation, fédération ou confédération a le droit de s'affilier à des organisations internationales de travailleurs et d'employeurs.

ARTICLE 6. Les dispositions des articles 2, 3 et 4 ci-dessus s'appliquent aux fédérations et aux confédérations des organisations de travailleurs et d'employeurs.[1]

Et je conclus de la façon suivante :

« En ce qui me concerne, dès lors que le gouvernement a mis en place un comité présidé par Youssouf Saleh Abbas chargé de l'organisation du Séminaire des cadres qui est la seule instance habilitée à retenir les thèmes de discussion et à sélectionner les intervenants, je m'en tiens à la décision de celui-ci. Ayant été sollicité en raison de ma fonction syndicaliste, je ne peux accepter de me retirer. Permettez-moi de vous dire que nous sommes en train de perdre notre temps dans des discussions inutiles. »

À l'évidence, le ministre n'est pas satisfait de mon argumentation…, et il finit par me menacer, non pas directement, mais en m'avertissant que mon intervention

1 Documents en annexe.

sera préjudiciable à mon organisation syndicale. Je lui réponds que je me tiens prêt à assumer les conséquences éventuelles de mes actes. Là-dessus, nous nous séparons, sans même nous serrer la main.

Un syndicaliste combatif

Je me rends donc au séminaire, plus remonté que jamais. Après la cérémonie d'ouverture, quand vient mon tour, j'interviens comme prévu. Dans mon discours, j'insiste sur les points suivants :

– la nécessité de restaurer la paix et la sécurité sur l'ensemble du territoire national ;

– l'impératif de rappeler les travailleurs qui ont quitté la capitale et leur lieu de travail du fait de la guerre, en s'engageant à les aider et à faciliter leur ré-embauche ;

– l'instauration d'une politique de tolérance et de démocratie en évitant la chasse aux sorcières ;

– l'urgence d'encourager et de favoriser la reprise des activités professionnelles dans tous les domaines ;

– l'intérêt pour le pays de faciliter les activités syndicales aussi bien dans le secteur privé que public, conformément à la législation du travail ;

– l'obligation de respecter scrupuleusement la législation nationale et internationale applicable aux organisations syndicales ;

– la disponibilité de notre Confédération syndicale pour apporter toute sa contribution à la normalisation de la vie et à la reconstruction du pays.

Ce discours est vivement applaudi par l'assistance, ce qui me réjouit.

Après plusieurs autres interventions, le Séminaire des cadres se termine par l'adoption de recommandations relatives aux secteurs politique, économique, financier, social et culturel.

Au nom d'un pluralisme syndical, des tactiques de division

La vie dans la capitale reprend son cours dans un climat apaisé, plus serein. Parallèlement à notre CST, sans qu'on sache de quelles assises légales ou statutaires ils relèvent, quelques dirigeants de l'ancienne Union nationale des travailleurs du Tchad (UNATRAT) ré-ouvrent à la Bourse du travail leur ancien bureau et recommencent leurs activités, comme si de rien n'était. Vraisemblablement avec l'aval et/ou sous l'instigation du ministre de la Fonction publique et du Travail, Mady Brahim Gustave. De ce fait, on se retrouve alors au Tchad avec deux Centrales syndicales, ou ce qui en tient lieu.

Je rappelle que nous sommes alors en 1981. N'en déplaise aux dirigeants du Mouvement patriotique du salut (MPS) et à leurs thuriféraires qui proclament avoir apporté la démocratie et la liberté en permettant, notamment en 1990, la création des organisations syndicales au Tchad, je rappelle comment s'est créée et mise en place la CST. Oui, l'histoire syndicale tchadienne commence bien avant eux ! L'Union nationale des enseignants du Tchad, l'UNET, qui deviendra quelques années plus tard le SET (le Syndicat des enseignants du Tchad), a été créée par quelques enseignants avec à leur tête l'instituteur N'Garmadjal Gami. Et ils n'ont pas attendu pour cela l'arrivée du MPS !

Nos activités syndicales se poursuivent donc sans difficulté. En 1981 je suis nommé Attaché de cabinet du Secrétaire d'état au ministère de l'Economie et des finances, un département qui a en charge la gestion de l'ensemble des finances du pays. C'est dire son importance stratégique en cette période de reconstruction d'après-guerre.

Avant de prendre mes fonctions au ministère des Finances, nous convenons avec la Direction générale de la STAR Nationale que je retrouverai mon poste au sein de la Société après mon départ du ministère des Finances. Cet arrangement est facilité du fait que le ministère des Finances assure la tutelle de notre Société. Je cumule donc mes fonctions d'Attaché de cabinet et de Secrétaire général du Comité d'action de la CST.

Les modalités de la participation de la CST à la Conférence internationale du travail

En mai 1982, un courrier du ministère de la Fonction publique et du Travail, nous informe qu'une délégation de quatre personnes doit se rendre à Genève, en Suisse, pour participer à la soixante-huitième session de l'OIT qui aura lieu le 2 juin suivant. Dans la note de présentation du dossier, il est précisé que la mission, d'une durée de trois semaines, est prise en charge par le ministère des Finances.

Après avoir lu attentivement le dossier j'attire l'attention du Secrétaire d'état aux Finances sur la liste des délégués qui, curieusement, ne comprend que les cadres du ministère de la Fonction publique, à savoir :

– son directeur général, ironie du sort, le même Mady Brahim Gustave qui avait tenté de m'empêcher d'intervenir au Séminaire national des cadres ;

– le directeur du Travail de l'époque ;

– deux inspecteurs du travail.

Telle qu'elle est ainsi formée, uniquement avec des représentants du gouvernement, la délégation tchadienne risque de n'être pas acceptée par le Comité d'accréditation de la conférence de l'OIT : chaque pays se doit d'y envoyer une délégation tripartite comprenant les représentants des employeurs, des travailleurs et du gouvernement. J'insiste donc auprès de mon ministre pour que le ministère concerné reconsidère la liste des délégués en y incluant, à défaut d'un représentant d'une organisation patronale, au moins ceux des travailleurs. Convaincu du bien-fondé de mes remarques, le ministre renvoie le dossier à son collègue de la Fonction publique, accompagné d'une note explicative. Deux jours plus tard, le ministère de la Fonction publique et du Travail nous le renvoie avec une liste modifiée.

Mady Brahim Gustave, Directeur général du ministère est chef de la délégation. Trois membres doivent l'accompagner ;

Djimy, Directeur du Travail.

Brahim Bakas, Secrétaire général adjoint de l'UNATRAT.

Moi-même, Djibrine Assali Hamdallah, Secrétaire général de la CST.

Le dossier revu est accepté par notre département. Des billets d'avion sont délivrés et des frais de mission nous sont attribués. Cependant, quelques heures avant le départ, alors que notre délégation se trouve au complet dans le bureau du Secrétaire d'état du ministère de la Fonction publique et du Travail, éclate une vive discussion entre le

Secrétaire d'état et son Directeur général, Brahim Gustave, au sujet d'un véhicule neuf destiné à la Direction générale du ministère du Travail. Brahim Gustave tient coûte que coûte à en prendre possession avant son départ. Il faut dire que les Forces armées du Nord de Hissein Habré sont déjà signalées dans le Chari Baguirmi et menacent à tout moment d'entrer à Ndjaména ! C'est pourquoi, dans une situation incertaine où se profile un brusque et imminent changement de régime, le Secrétaire d'état veut prendre possession de ce véhicule neuf qui lui sera utile au cas où il aurait à quitter la capitale... L'heure du décollage approche, la discussion se prolonge avec la même virulence. Je présente alors mes excuses et je quitte précipitamment les lieux pour me rendre à l'aéroport. Le reste de la délégation continue à se chamailler et rate le vol !

À l'ouverture de la conférence de Genève, j'occupe seul la place réservée à la délégation du Tchad ! Deux jours plus tard, alors que je regagne mon hôtel après la clôture d'une séance, je croise par hasard mes collègues du Tchad à la gare de Genève ! Tout heureux de nous retrouver, nous prenons place à la terrasse d'un café. Ils me racontent leurs mésaventures et, à mon tour, je leur fais le compte-rendu des travaux de la conférence depuis son ouverture.

En cette veille du 7 juin 1982 où Hissein Habré va entrer à Ndjaména, chasser le GUNT et prendre le pouvoir, nous parlons de la situation dans notre pays. Aussi, avant de nous séparer, le Directeur général, chef de notre délégation, nous soumet la conduite à tenir dans les jours suivants. Etant donné ce qui se passe au Tchad, il ne lui paraît pas convenable de continuer à participer aux travaux de la conférence de l'OIT. Aussi, lundi prochain, il nous conseille d'y faire brièvement acte de présence puis de regagner nos hôtels pour boucler nos valises et repartir à Paris. De là, nous modifierons nos billets d'avion pour nous arrêter au Cameroun. Une fois arrivés à Kousseri, une localité en bordure du Chari qui fait face à Ndjaména, nous nous informerons sur les événements en cours. Nous ne rentrerons au pays qu'après nous être assurés de ce qu'il en est vraiment à Ndjaména.

La proposition du Directeur général fait l'unanimité, sauf en ce qui me concerne. Je prends la parole pour rappeler à mes compatriotes que nous sommes en Suisse pour accomplir une mission officielle de l'État et que, par conséquent, nous ne devons pas quitter la conférence avant sa clôture. Je soutiens mon point de vue en expliquant qu'en dépit du changement de régime, il y a d'une part, le principe de la continuité de l'État et que, par ailleurs, nous aurons à rendre compte de notre mission.

Mon intervention, qui pour moi relève du bon sens, ne convainc ni le Directeur général, ni les autres délégués. Ne réussissant pas à les faire changer d'avis, je leur déclare qu'en ce qui me concerne je refuse de rentrer et que j'ai l'intention de participer à la conférence jusqu'à la fin des travaux.

Effectivement, le lundi, à la reprise de la session, mes compatriotes font une courte apparition dans la salle et s'envolent peu après pour Paris en me laissant seul.

Seul représentant de la CST à la Conférence internationale du travail : les acquis

Je crois avoir pris la bonne décision car cette conférence, à laquelle je participe pour la première fois, me permet d'acquérir des connaissances et d'y avoir une expérience très enrichissante. C'est pour moi l'occasion d'y nouer de nombreux contacts et de mettre en place des relations qui s'avèreront très utiles par la suite, aussi bien pour moi que pour notre Centrale. En premier lieu, je rencontre les représentants de la Confédération internationale des syndicats libres (CISL) de Belgique, à laquelle notre Centrale avait adressé une demande d'affiliation. Ensuite, je prends langue avec les responsables des différentes Centrales syndicales présents à Genève,

Pour la France : la Confédération générale du travail (CGT) ; la Confédération française démocratique du travail (CFDT) ; la Confédération générale du travail-Force ouvrière (CGT-FO) ;

Pour le Canada, le Congrès du travail du Canada (CTC), et la Fédération des travailleurs et travailleuses du Québec (FTQ) ;

Pour les États-Unis d'Amérique, l'American federation of Labor-congress of industrial organizations (AFL-CIO) ;

Pour la Belgique : la Fédération générale du travail de Belgique (FGTB) ; la Confédération des syndicats chrétiens (CSC) ; la Centrale générale des syndicats libéraux de Belgique (CGSLB).

Nos entretiens portent principalement sur les points suivants : la situation politique, socio-économique et syndicale au Tchad et la présentation de la CST : les circonstances de sa création, les secteurs où elle est implantée, le nombre de ses adhérents, sa représentativité, son programme d'action, ses difficultés, etc., et, pour finir, nos attentes.

Les organisations syndicales occidentales ont de longues années d'existence et d'expérience et elles disposent de solides ressources tant humaines que financières. Tous leurs représentants m'assurent de leur disponibilité pour apporter à notre Centrale leur assistance matérielle et financière, et surtout une aide en conseils. Elles sont fortes d'une grande expérience en matière d'éducation ouvrière et de formation syndicale.

Lorsque je regagne Paris, le 22 juin 1982, je suis donc extrêmement satisfait d'avoir assisté à toute la conférence. Dès mon arrivée, je téléphone à l'ambassade du Tchad pour avoir des nouvelles des autres membres de la délégation qui ont quitté Genève bien avant moi : quand sont-ils partis au Cameroun ? A-t-on des informations sur eux depuis leur départ de la France ? À ma grande surprise, on m'apprend que mes compatriotes sont encore à Paris, que tous les trois sont hospitalisés à Bichat suite à un incendie qui s'est déclaré dans leur hôtel durant la nuit qui a suivi leur arrivée dans la capitale française. Sortis du lit en catastrophe, le Directeur général et le représentant de l'UNATRAT, dont les chambres donnaient côté cour, ont sauté du 3e étage. L'un souffre d'une fracture et l'autre est sérieusement blessé. Quant au directeur du Travail dont la fenêtre s'ouvrait sur la rue, alors qu'il s'apprêtait à sauter, les habitants des immeubles en face lui avaient crié que les pompiers arrivaient… Il les avait donc attendus et avait pu descendre par une échelle mobile. Mais, comme il est asthmatique, la fumée de l'incendie et le choc psychologique l'avaient rendu malade au point qu'il était également hospitalisé à Bichat.

Je suis abasourdi par ce que j'entends et je me rends aussitôt à l'hôpital où je retrouve mes compatriotes alités dans la même chambre. Je leur fais quand même un compte rendu circonstancié de la conférence et je leur annonce mon départ à Bruxelles pour le lendemain, 23 juin, à l'invitation de la CISL.

J'arrive à Bruxelles par le train. C'est une ville que je connais bien puisque, jeune étudiant, j'y ai passé une année universitaire. Cette fois, mon séjour est pris en charge par la CISL dont le Secrétaire général me reçoit d'abord, avant le début des discussions avec les chefs des services spécialisés. Les résultats sont fructueux. On nous accorde :

1. une assistance financière immédiate d'environ trois millions (3 000 000) de francs CFA, soit 46 000 euros environ pour le fonctionnement et l'achat de matériel d'équipement ;

2. une aide alimentaire d'urgence au profit des travailleurs, puisque le pays connaît une famine sévère et, que par ailleurs, ceux qui ont fui la capitale à cause de la guerre et qui sont revenus reprendre leur travail se retrouvent sans ressources ;

3. un don de 7 camions de dix tonnes chacun. Ils sont accordés à la CST sous réserve qu'ils soient attribués en location au Programme alimentaire mondial (PAM), pour effectuer le transport des produits alimentaires destinés aux régions sinistrées par la famine. Ils seront livrés incessamment. Les bénéfices de leur location devraient servir à couvrir les frais de fonctionnement et d'organisation des structures régionales de la CST ;

4. l'envoi au Tchad d'un expert qui aidera à la conception et à la réalisation des formations syndicales ainsi qu'à des projets socio-économiques.

Très satisfait des résultats de cette mission, je reviens à Paris où je dois attendre le premier vol d'Air-Afrique à destination de Ndjaména ; en effet depuis les événements du 7 juin 1982 la compagnie a suspendu ses vols vers le Tchad. J'ai donc le temps de rendre visite dès le lendemain à mes infortunés compagnons, toujours hospitalisés à Bichat. Nous évoquons la situation dans le pays et je leur dis que je reviens à Ndjaména sur le vol Air-Afrique du

29 juin 1982. Au moment de nous séparer, nous sommes très émus et le camarade Brahim Bakas, très affecté, me déclare : « Si j'avais su ce qui nous est arrivé, je serais resté avec toi à suivre les travaux de la conférence ! ».

À la date fixée, j'arrive à Ndjaména sans problème. Non seulement, je ne suis pas inquiété par les services de Sécurité du nouveau régime mais personne ne me pose de questions. Je rentre tranquillement à la maison où m'attend avec impatience toute ma famille. Après quelques jours de repos, je reprends mon travail à la STAR Nationale et, très naïvement, je vais me présenter à Issaka Hassan, le président de notre Centrale syndicale, pour lui rendre compte des résultats de ma mission. Mais si rien n'a changé dans les activités de la compagnie d'assurances, il n'en est pas de même au niveau de la Centrale. En effet, les camarades qui avaient fui le pays avec les FAN sont revenus en force et entendent bien reprendre le contrôle de la Centrale, d'autant qu'elle est désormais assurée de disposer d'importants moyens financiers et matériels.

Pièges divers et obstacles multiples...

Je découvre donc le président de notre Centrale syndicale, Issaka Hassan, confortablement installé au premier étage d'un bâtiment, dans un bureau qu'il occupe illégalement comme le font sans scrupules la plupart des responsables des mouvements rebelles. Il trône au milieu de ses partisans et courtisans. Au lieu de demander qu'on nous laisse en tête à tête, il me présente à « son » public comme étant « son » Secrétaire général du syndicat qui vient lui rendre compte d'une mission en Europe ! Puis il me passe la parole. C'est sa façon de démontrer à son assistance qu'il est un personnage important et puissant dans l'organisation des masses au sein de leur mouvement politico-militaire. Son intention est aussi de faire entendre à ses visiteurs, qui n'ont pourtant rien à voir avec notre Centrale syndicale, ce que je suis venu lui dire. Je prends donc la parole devant « son » public, d'abord pour lui faire part de la participation de notre Centrale au Séminaire national des cadres du mois de mai 1981, puis de la reconnaissance officielle de notre Organisation par le gouvernement précédent et enfin des missions que je viens d'effectuer à Genève et à Bruxelles.

Il se dit très content de mon exposé et m'informe que la situation à la CST est en voie de normalisation, que les membres du Bureau exécutif élus par l'Assemblée générale d'octobre 1979 ont tous repris leurs fonctions. C'est la raison pour laquelle il envisage d'organiser incessamment un Congrès extraordinaire pour me faire nommer Secrétaire général de notre Centrale. Enfin, lorsque je prends congé, pour manifester sa satisfaction et me témoigner publiquement sa confiance, il se lève, quitte son bureau et me reconduit jusqu'au rez-de-chaussée. Il remonte ensuite pour retrouver ses visiteurs. En réalité, je m'en rendrai compte plus tard, cette mise en scène n'est qu'hypocrisie, doublée d'un calcul machiavélique…

Après cette entrevue avec le président de la Centrale, je me dirige ensuite à la Bourse du travail pour y rendre compte des activités du Comité d'action de la CST à Boukar Barka, le Secrétaire général, de nouveau à son poste. J'ai avec lui une conversation personnelle, mais je regrette de ne pas pouvoir m'exprimer devant tous les membres du Conseil national syndical ou, à défaut, devant ceux du Bureau exécutif, non convoqués à notre entretien. Mais, puisque Issaka Hassan promet d'organiser prochainement un Congrès extraordinaire, je conviens qu'il est préférable d'attendre ce moment pour une communication plus complète.

Mon travail à la STAR Nationale, ne me laisse guère de temps pour aller fréquemment à la Bourse du travail. Or, pas mal d'événements ont lieu à mon insu, et à l'insu des membres du Bureau exécutif. C'est ainsi qu'un groupe restreint de personnalités, comprenant le président, le secrétaire général et ses deux adjoints, combine des coups tordus, à l'insu des autres syndicalistes. Moi-même, je ne suis au courant de rien. J'ignore en particulier les suites données au Programme d'aide et d'assistance que j'ai personnellement négocié avec la CISL au cours de mon séjour à Bruxelles. Heureusement, j'ai encore la signature de notre compte bancaire, nécessaire pour recevoir le virement de trois millions de francs CFA effectué par la CISL au profit de notre Centrale ; ce dont seul le camarade Djonret Tawa m'avise.

La CST confisquée par Issaka Hassan. Détournement des aides reçues de l'étranger

Pour le reste, pas d'information ! Ainsi, quand parvient l'aide alimentaire des 50 tonnes de lait en poudre destiné aux travailleurs, seul ce petit groupe procède à sa réception sans avertir qui que ce soit. Plus grave encore est la suite qu'ils donnent à cette aide. Après avoir obtenu une audience auprès du président Hissein Habré, ils lui annoncent qu'ils viennent de recevoir 50 tonnes de lait en poudre de leurs partenaires européens et qu'ils ont le plaisir de les lui offrir en tant que contribution à l'effort de guerre : ces 50 tonnes de lait iront à ses combattants en difficulté ! Le président Hissein Habré, dit-on, est très touché par ce geste qu'il qualifie de « patriotique ». La récompense ne se fait pas attendre. Peu après, le secrétaire général de la CST, Boukar Barka, est nommé directeur des Affaires sociales et son adjoint Kadi Mahamat passe du rang de simple employé à celui de directeur de la CNPS (Caisse nationale de prévoyance sociale).

Ce cadeau « à l'effort de guerre » n'est pas seulement une escroquerie, c'est l'affichage d'un mépris total pour les autres membres du Bureau exécutif ! C'est une trahison des objectifs du syndicat et surtout une forfaiture honteuse à l'encontre des travailleuses et travailleurs démunis auxquels cette aide alimentaire était destinée !

Des tentatives pour m'écarter

Un autre fait, révélateur de cette totale absence de sens moral, me concerne directement. Un jour, le camarade Oumar Ousmane, porte-parole des délégués du personnel de la société sucrière SONASUT, se rend par hasard à la Bourse du travail. Il y trouve le secrétaire général de la CST et ses comparses en pleine discussion avec un Européen qui désire me rencontrer. Devant son insistance, ces syndicalistes lui affirment que je suis absent de Ndjaména et, qu'en outre, je ne suis plus qu'un Secrétaire confédéral chargé de l'organisation et de l'éducation de la CST.

Choqué par ces mensonges, Oumar Ousmane fait un détour par la STAR Nationale pour me répéter ce qu'il vient d'entendre et il me signale que l'Européen en question est descendu à l'hôtel du Chari. Je m'y rends dans l'après-midi et j'ai la chance de le rencontrer. Il m'explique qu'il a été envoyé par la CISL au Tchad pour recueillir des informations sur la situation du pays et celle de notre Centrale. Il s'étonne que je sois là alors qu'à la Bourse du travail on lui avait dit que j'étais absent du pays ! Nous passons longuement en revue la situation politique, économique et sociale du Tchad et, bien sûr, l'état actuel de notre Centrale syndicale. C'est alors que j'apprends de lui que la CISL nous a récemment expédié 50 tonnes de lait en poudre. Je me vois donc obligé de lui dire que, excepté les camarades qu'il a entrevus à la Bourse du travail, les autres syndicalistes ignorent cet envoi et qu'aucun travailleur n'a eu connaissance de cette aide et encore moins n'en a bénéficié…

Des partenaires étrangers, collaborateurs engagés
Un pouvoir prêt à tout

Après un séjour de vingt-quatre heures à Ndjaména, l'émissaire du CISL repart à Bruxelles où il doit présenter à sa direction un rapport sur la situation politique et syndicale au Tchad. En substance, il constate l'existence de deux groupes antagonistes au sein du Bureau exécutif de la CST. L'un ne comprend que des personnages plus politiciens que syndicalistes, mais détient le pouvoir de décision, l'autre rassemble les délégués du personnel et des dirigeants de fédérations professionnelles et/ou des syndicats d'entreprise mais, tout en étant majoritaire, se retrouve sans pouvoir de décision et, de plus, ne reçoit pas les informations relatives au fonctionnement de la Centrale, et, bien sûr, n'a pas accès aux moyens dont elle dispose. Par ailleurs, la tenue du Congrès extraordinaire d'harmonisation et de restructuration promis par Issaka Hassan, le président de la Centrale, n'a pas eu lieu et risque bien de n'avoir jamais lieu. Compte tenu de ces informations, le délégué du syndicat fait les recommandations suivantes : de n'allouer à notre Centrale que cinq camions au lieu des sept promis ; d'accélérer l'envoi d'un expert en formation et en conception des projets socio-économiques ; de ne travailler qu'en impliquant et associant les membres du second groupe ; de multiplier les activités de formation aussi bien à Ndjaména qu'à l'extérieur.

À la suite de ce rapport, cinq camions de dix tonnes sont effectivement expédiés au Tchad, en principe pour le compte de la Centrale et avec les restrictions convenues. Mais, comme cela s'est fait précédemment pour le lait en poudre, la plupart d'entre nous ne sommes informés ni de l'arrivée de ces véhicules, ni de leur réception, ni des conditions de leur location au PAM. Plus inquiétant encore, notre camarade Djimet Tchéré, le Secrétaire général de notre Fédération syndicale des transports que j'avais proposé comme coordinateur de la gestion des camions, est arrêté par les agents de la DDS (Direction de la documentation et de la sécurité). Il n'a plus jamais été revu.

Ce n'est qu'un avant-goût de ce qui nous est réservé par nos « amis » pseudo-syndicalistes. Un autre camarade, Yakhoub Khamis, Secrétaire général de la Fédération syndicale des enseignants, disparaît dans les mêmes conditions que Djimet Tchéré.

Par hasard, nous finirons par découvrir les dessous de ces arrestations. Un jour, de retour d'une mission au Cameroun, mon camarade et ami Haroun Khagair m'apprend que la sentinelle de la Centrale lui a montré le brouillon d'un document manuscrit que le Secrétaire général de la CST lui avait demandé de brûler. Il me prévient qu'avant de le rendre au gardien en faisant semblant de n'y accorder aucune importance, il a pu voir que mon nom y figure. J'appelle aussitôt ce gardien pour lui demander s'il a déjà brûlé ce papier. Non, me répond-il, il l'a toujours car il comptait bien me le montrer avant de le détruire. Quelle chance ! Ce gardien, qui s'appelle Mathieu, ne sait ni lire ni écrire, mais la manière dont les gens s'étaient réunis et s'étaient longtemps concertés avant de produire un document dactylographié, l'avait alerté. Il avait pressenti que le papier qu'on lui demandait de brûler était important. En le lisant, je comprends que c'est le brouillon d'une lettre de dénonciation adressée aux autorités. J'y suis accusé d'être un « agent de l'étranger », c'est-à-dire un espion à la solde de la Libye de Kadhafi, à l'époque l'ennemi juré de Hissein Habré et du Tchad.

La situation est si préoccupante que je prie notre secrétaire, mon ami Golmaï Laongomaye, d'appeler sa famille et de la prévenir qu'il ne rentrera pas ce soir. Il passera la nuit chez moi et nous travaillerons au plan de défense que j'ai en tête. La prière d'Icha terminée, nous nous mettons au travail. J'écris et dès qu'une page manuscrite est terminée, je la passe à Golmaï qui la dactylographie sur stencil. Nous passerons toute la nuit à finaliser un document de vingt-sept pages dactylographiées que nous comptons diffuser en ville dès le matin. Nous y expliquons :

– comment nous avons créé la CST ;

– comment des personnages, en majorité des politiciens et des chômeurs, nous écartent des décisions, bien que nous soyons les délégués élus du personnel des entreprises ;

– comment ils se sont accaparé abusivement des principaux postes de la CST sans passer par de véritables élections ;

– comment s'est déroulée la réunion de Kousseri à la suite de laquelle les camarades, dont je cite les noms, m'ont chargé de mettre en place un Comité d'action de la CST pour continuer les activités de la Centrale après leur départ ;

– notre participation au Séminaire des cadres ;

– nos démarches pour la reconnaissance officielle de la CST, intervenue pendant qu'ils étaient en exil ;

– mes missions à Genève et à Bruxelles à la suite desquelles nous avons obtenu des aides ainsi qu'une assistance dont ils bénéficient et dont ils abusent, sans même avoir informé les organes statutaires de la Centrale ;

– le détournement de cinquante tonnes de lait en poudre destiné aux travailleurs nécessiteux ;

– la disparition des 5 camions de dix tonnes dont nous n'avons jamais su ce qu'ils étaient devenus ;

– la promesse non tenue du président de la Centrale de convoquer un Congrès extraordinaire d'harmonisation et de restructuration ;

– la non-convocation des réunions statutaires et des sessions du Conseil national syndical et du Bureau exécutif ;

– la mise à l'écart de la majorité des membres du Bureau exécutif exclus des activités de la Centrale ;

– enfin, nous évoquons la disparition mystérieuse de nos camarades, Djimet Tchéré, Secrétaire général de la Fédération des transports et celle de Yakhoub Khamis, Secrétaire général de la Fédération syndicale des enseignants.[1]

1. Document en annexe.

Au petit jour, nous tirons ce document en un certain nombre d'exemplaires et les faisons distribuer en ville. Étant donné l'efficacité des agents de la DDS (Direction de la documentation et de la sécurité), le service de Renseignements très efficace de Hissein Habré, nous sommes certains qu'il l'aura bientôt entre les mains. Pour plus de précautions, j'en remets moi-même un exemplaire à un ami très sérieux, le Dr Bichara Idriss Haggar, membre du Comité central de l'UNIR, le parti créé par Hissein Habré.

Je pense sincèrement que c'est grâce à Allah, le Tout Puissant, le Miséricordieux, l'Omniscient, ainsi qu'à la rapidité de notre réaction, que j'ai eu la vie sauve. Pourtant, c'était mal connaître mes adversaires car, quelques semaines plus tard à peine, le président Issaka Hassan réussit à manipuler un monsieur respectable, enseignant de son état, dénommé Alifa Angaï Koko, pour qu'il écrive contre moi une autre lettre de dénonciation, adressée directement au ministre de l'Intérieur et de la Sécurité.

À la suite de cette dénonciation calomnieuse, je suis convoqué et interrogé par les services de la DDS. Pour moi, c'est l'occasion de dénoncer toutes les « magouilles » tramées dans la Centrale syndicale par son Président et son Secrétaire général. Après deux ou trois séances d'interrogatoire, le dossier est classé sans suite.

Puisque les interrogatoires de ma première interpellation par la DDS n'ont rien donné, intervient alors la direction des Renseignements généraux. Comme je l'ai fait à la DDS, j'en profite pour dévoiler les pratiques du groupe qui s'est substitué aux vrais syndicalistes. Cette fois-ci, ayant affaire à des hommes plus expérimentés, déjà habitués à ce genre d'affaires, j'ai la chance qu'ils bouclent rapidement leur enquête et acceptent de me donner une photocopie de la lettre de dénonciation. J'apprends ainsi que c'est le syndicaliste, respectable et très connu, Alifa Bah Angaï Koko, qui en est l'auteur.

Revenu de la direction des services de Renseignements généraux, je fais une copie de la lettre de dénonciation que je me hâte de remettre à Issaka Hassan, le président de la CST en lui demandant de convoquer au plus vite le CSN (Conseil syndical national) pour examiner cette affaire. Il n'a pas d'autre choix que d'obtempérer. Dès l'ouverture de la session, je lis devant les conseillers la lettre de dénonciation qui m'a valu d'être convoqué et interrogé par la DDS et par les services des Renseignements généraux. Pour moi, il s'agit d'un comportement inadmissible de la part d'un syndicaliste digne de ce nom car, je le rappelle, le syndicat est une organisation qui défend des valeurs nobles telles que la démocratie, la liberté, les droits humains et syndicaux et la justice sociale. Certes, un syndicaliste peut, dans l'exercice de ses fonctions, commettre des erreurs, voire même des fautes. Il doit alors être entendu par les instances syndicales et, le cas échéant, sanctionné conformément aux dispositions des statuts et du règlement intérieur. Ces sanctions vont d'un simple avertissement à l'exclusion définitive du mouvement. Dans le cas présent, la lettre de dénonciation du camarade Alifa Bah Angaï Koko est tout simplement un acte abject, pour moi intolérable et, par conséquent, je demande qu'il soit exclu du Conseil syndical national.

S'ensuivent de longs débats et l'organisation d'un vote. Une large majorité se prononce pour l'exclusion de la Centrale du camarade délateur. En entendant cette décision, le regard d'Alifa Bah Angaï Koko se fixe pendant plusieurs minutes sur le président de la CST, son commanditaire, dans l'attente désespérée d'un soutien qui ne vient pas. Aucune réaction ne répondant à son appel muet, mais éloquent, il se résigne à quitter la salle sans un mot.

Après cette décision, la première du genre, nos camarades politiciens qui ont pris en otage la Centrale nous laissent un peu de répit. Pour autant, ils n'ont pas renoncé à nous combattre en utilisant d'autres méthodes, ainsi qu'on le verra.

Cependant, des mois plus tard, sans doute déçu et lassé par les intrigues d'Issaka Hassan, le président Hissein Habré le nomme ambassadeur du Tchad au Congo Brazzaville.

Dès la publication de cette nomination, je lui écris une note dans laquelle je l'accuse d'avoir voulu depuis longtemps me chasser du syndicat et d'avoir même tenté de me faire éliminer physiquement. Maintenant qu'il vient d'être nommé ambassadeur, son devoir lui commande de convoquer une réunion du Conseil syndical national pour examiner les complots qu'il a ourdis contre moi.

Je lui remets en main propre cette note et, pour des raisons évidentes de sécurité, j'en donne également une copie à mon ami Haroun Khagair pour qu'il la garde en lieu sûr.

Sachant que le Conseil syndical national signifierait *ipso facto* son exclusion de la CST, comme ce fut le cas pour son ami Alifa Bah Angaï Koko, Issaka Hassan ne se risque pas à le convoquer. Il accepte juste de réunir certains de mes amis, en particulier Haroun Khagair, Adjid Oumar, Younous Mahadjir et Oumar Ousmane pour leur expliquer que je l'accuse de vouloir me faire du mal, voire de penser à me faire assassiner. En réponse, en tant que musulman, il se dit prêt à jurer sur le Coran de n'avoir jamais cherché à me nuire. Au contraire, affirme-t-il, il a pris ma défense devant le président Hissein Habré lorsqu'au cours d'une réunion Boukar Barka, le secrétaire général de la CST, avait porté des accusations contre moi.

Nous nous séparons sans qu'il soit parvenu à me convaincre de son innocence. C'est pourquoi, le lendemain je lui envoie une seconde note dans laquelle je réitère mes accusations et réclame à nouveau la convocation du Conseil syndical national. Dès lors, il déserte définitivement son bureau de la Bourse du travail et part à Brazzaville sans qu'on se revoie.

Mes accusations contre Issaka Hassan étaient fondées. J'en ai eu la preuve lorsqu'en 1993, lors d'une visite de courtoisie au président Hissein Habré à Dakar au Sénégal, ce dernier m'a confirmé l'animosité viscérale que nourrissait à mon égard l'ex-président de la CST. Une animosité explicite dans les multiples fiches de renseignements qu'on lui faisait parvenir.

Un pouvoir qui démultiplie pièges et harcèlements

Le départ d'Issaka Hassan ne signifie pas pour autant la fin des intrigues et manipulations sournoises contre moi-même et mes amis. Quelques années plus tard, en 1989, c'est au tour du ministre de l'Intérieur et de la Sécurité, Brahim Mahamat Itno (Dieu ait son âme), de me convoquer dans son bureau, cette fois en ma qualité de président de l'Association de solidarité des ressortissants du Guéra. Sont présents certains membres du bureau exécutif de l'association et des personnalités du Guéra parmi lesquelles Ahmat Dadji, Hisseine Michelin et Bada Abbas ainsi que le commissaire de police Haliki et des agents de la DDS. D'emblée le ministre nous accuse d'avoir envoyé de l'argent tiré de nos cotisations au groupe de Maldom Bada Abbas en rébellion au Soudan. C'est absolument faux. Mais en dépit de nos efforts pour invalider ces accusations, le ministre reste sourd à nos arguments. Les discussions durent plus de deux heures et, au bout du compte, la rencontre se clôture par une décision sans appel du ministre : il suspend les activités de notre association de solidarité et ordonne au commissaire Haliki de nous accompagner, Téléboune Mongoyé et moi-même, trésorier et président de l'association, à la Banque tchadienne des crédits et de dépôts, pour y retirer tous les fonds de notre association qui lui seront remis. Nos compagnons assistant à cette réunion sont, eux, invités à repartir sans directives particulières.

Nous sommes obligés de vider le compte de l'association et retirons donc une somme qui s'élève à plus d'un million de francs CFA, soit quelque 7 000 euros. Nous sommes conduits dans le bureau du commissaire où nous le voyons mettre l'argent dans une grande enveloppe kaki et la ranger soigneusement dans une armoire métallique fermée à clé ; puis il nous libère. Nous regagnons nos domiciles sans être autrement inquiétés.

Pourtant, cette affaire est loin d'être terminée. Deux ou trois semaines plus tard, on apprend avec consternation l'arrestation de certains de nos compatriotes du Guéra, présents à la réunion du ministre, en particulier Ahmat Dadji, Hisseine Michelin et Bada Abbas, le père de Maldom. Depuis lors plus personne n'a entendu parler d'eux, ils ont disparu à jamais.

C'est donc sur la décision du ministre Mahamat Brahim Itno, et de cette manière, qu'a été dissoute l'Association de solidarité des ressortissants du Guéra, association pourtant agréée, constituée selon les règlements définis par une Assemblée générale réunissant les originaires de cette région, et un Bureau exécutif comportant deux représentants de chaque canton.

À l'arrivée du MPS au pouvoir, nous avons le tort et la naïveté de croire que notre association, victime d'une injustice flagrante, dépouillée de ses fonds, sera réhabilitée et pourra obtenir des moyens conséquents pour reprendre ses activités. Il est vrai que, dans un premier temps, le nouveau ministre de l'Intérieur et de la sécurité, originaire de notre région, Maldom Bada Abbas, reconnaît à l'association le droit de fonctionner. Mais, au lieu de convoquer l'Assemblée générale des ressortissants du Guéra, la seule instance habilitée à remplacer les membres du Bureau exécutif et à élire le président, c'est lui-même qui nomme arbitrairement le président de l'association, en l'occurrence Khamis Daga, l'un de ses parents. Je me vois obligé de lui remettre ma voiture de fonction[1] de 3e vice-president de l'Assemblée nationale que j'ai jusque-là utilisée pour les besoins de l'association. En la conservant, j'avais, il est vrai, bénéficié d'une mesure exceptionnelle puisque tous les autres véhicules de fonction avaient dû être restitués. Mais, peu de temps après avoir récupéré cette voiture, Khamis Daga est nommé préfet de Biltine et la voiture disparaît de l'association… Qu'est-elle devenue ? A-t-elle été vendue ou réformée par le service des Domaines ? Est-elle illégalement utilisée pour des besoins privés ? Nul ne le sait. Quoi qu'il en soit, les nouvelles fonctions de ce nouveau président, promu préfet, mettent fin aux activités de l'association.

Hélas, on n'en a pas fini avec les manœuvres de ces nouveaux politiciens qui cherchent avant tout à placer leurs amis et parents. Ainsi, en 2004, suite à une importante assemblée générale des ressortissants du Guéra qui s'est tenue le 15 janvier dans la grande salle du palais, est créée

1. Avant la prise du pouvoir par le MPS, j'avais été élu sous Hissein Habré 3e vice-président de l'Assemblée nationale, comme on le verra plus loin.

une Association pour le développement du Guéra. À la suite d'élections libres et démocratiques j'en suis désigné le président. Ce n'est pas du goût des responsables politiques de Bitkine, en particulier de Maldom Bada Abbas qui aurait préféré voir à ma place l'un de ses amis, en l'occurrence Bichara Ringo. Pour se venger de cette déconvenue, il fait en sorte que le dossier pour la légalisation de cette association soit bloqué au niveau du ministère de l'Intérieur. Pourtant notre espoir renaît quand, dès son entrée au gouvernement, Mahamat Zène Bada me rencontre pour s'enquérir de la suite donnée au dossier. Je lui donne toutes les explications voulues. Il me promet alors de faire tout son possible pour que soit légalisée notre association. Mais, rien ne bouge. En fin de compte, l'association ne sera jamais agréée. Le ministre, selon moi, ne voulait que temporiser pour apaiser notre légitime ressentiment.

Aujourd'hui encore je déplore la conduite irresponsable de ces personnalités politiques qui, se prévalant de leur position dans les instances dirigeantes du pays, se sont octroyé le droit de prendre toutes les décisions relatives au Guéra en faisant fi de toute règle démocratique. Ils ont ainsi privé le Guéra de la seule organisation capable d'assurer son développement. Cette organisation avait pourtant été mise en place par une assemblée générale représentative de toutes les communautés cantonnales.

Les experts étrangers de la CISL : leur contribution à la consolidation et au devéloppement de la CST

Mais laissons-là ces combines et manipulations déshonorantes, pour revenir à l'organsiation syndicale.

Fin 1982/début 1983, arrive au Tchad l'expert promis par la Confédération internationale des syndicats libres de Belgique (la CISL). C'est un syndicaliste riche d'expériences, nommé Bertrand Begin. D'emblée, il nous prévient avec humour que son nom se prononce Béjin et non « Beguine » et qu'il ne faut pas le confondre avec le nom de son homonyme Menahem Begin, alors Premier ministre d'Israël.

L'arrivée de ce camarade canadien est providentielle pour notre Centrale qui, avec son expertise et les aides apportées, va se développer et booster ses activités. Grâce aux moyens financiers reçus nous multiplions les séminaires et les missions et nous créons des syndicats de base aussi bien à Ndjaména que dans les préfectures, notamment au Moyen Chari, dans les deux Logones, la Tandjilé, le Mayo-Kebbi, le Guéra, le Batha, le Ouaddaï, le Biltine, Le Kanem, le Lac, etc.

Son concours nous est également précieux pour mettre en place plusieurs projets socio-économiques. Après son départ, notre Centrale syndicale bénéficie durant plusieurs années de l'assistance d'un autre expert, Canadien également, le camarade André Leclerc. C'est, lui aussi, un homme simple, d'abord facile, très expérimenté, surtout en ce qui concerne l'éducation ouvrière, la formation syndicale et la gestion des projets socio-économiques.

La plus importante de nos réalisations, effectuée avec ces experts, est le projet Solidarité-Sahel pourvu d'une dotation chiffrée à cent-dix millions de francs CFA d'avant la dévaluation de 1993, soit 17 000 euros environ. À ce budget s'ajoutent des fonds qui seront utilisés pour l'achat de matériels indispensables au développement du projet, notamment une station-wagon Toyota acquise en Hollande, trois grosses moto-pompes d'irrigation et leurs accessoires, ainsi que des pièces de rechange achetées à

Bruxelles. Cet apport en espèces ou en nature est complèté par la prise en charge de deux expatriés : un autre canadien, Jean Ouellette, coordinateur du projet, dont le séjour au Tchad est prévu pour six mois, et un deuxième mécanicien belge, Jan, chargé de former dans chaque village une petite équipe de techniciens appelés à assurer le fonctionnement, la maintenance et l'entretien des moto-pompes. Les objectifs de ce projet sont les suivants :

– recenser les personnes déplacées du fait de la guerre ou de la sécheresse qui se sont installées anarchiquement à Ndjaména et à sa périphérie ;

– assurer leur transport et leur installation dans trois sites viabilisés, l'un sur les rives du fleuve Chari, non loin de Nguéli, dans le village appelé Amnaback, les deux autres sur la route de Ligna, dans les villages de Klessoum et de Madba. Bien entendu, nous faions les démarches nécessaires auprès des autorités locales traditionnelles et administratives compétentes pour obtenir les autorisations nécessaires d'attribution, d'occupation et d'exploitation de terrains dans ces villages ;

– leur fournir pendant six mois de la nourriture en suffisance, sous forme de sacs de farine de mil, de riz, de sucre, d'huile en bidons, de viande séchée (*charmout*), de poisson fumé-séché, de condiments, sel et piments.

En contrepartie de cette prise en charge, les déplacés devront fabriquer des briques cuites destinées à l'édification du magasin d'entrepôt prévu sur chaque site, et à l'aménagement de canaux d'irrigation. Les travaux seront dirigés par des maçons spécialement embauchés pour ces réalisations. Un camion neuf de sept tonnes assurera le transport des personnes, du ciment, des matériaux divers et des outils de travail. Ultérieurement il servira à l'acheminement des productions maraîchères jusqu'aux marchés de Ndjaména.

Le projet s'avère une réussite. En très peu de temps, après l'installation de personnes déplacées sur les parcelles de terrain attribuées à chaque famille, les canaux d'irrigation sont aménagés et on peut commencer l'exploitation des parcelles où sont cultivés maïs et tomates. Avant même la fin des six mois de leur prise en charge alimentaire, ces déplacés commencent à vendre leurs productions sur les marchés de Ndjaména.

Au départ, six camarades avaient été désignés pour assister le coordinateur canadien dans la gestion du projet. À l'expiration de son contrat de six mois, Jean Ouellette quitte le Tchad en me confiant la charge de coordinateur du projet. L'attibution qui m'est faite de cette responsabilité ne manque pas de susciter la jalousie et la convoitise des amis d'Issaka Hassan qui digèrent mal que la CISL n'ait pas confié cette fonction soit au président soit au secrétaire général de la CST ; leur arrière-pensée étant d'avoir accès au reliquat des fonds du projet et à l'utilisation du véhicule Toyota Land cruiser.

Intimidations et obstructions

Ils font donc tout pour me chercher noise. Ils n'hésitent pas, par exemple, à demander à un expatrié, un expert du Bureau international du travail (BIT), conseiller auprès du ministère de la Fonction publique et du Travail, d'enquêter sur les activités du projet Solidarité-Sahel pour y relever d'éventuels détournements de fonds et/ou malversations. À la suite de cette enquête, la CISL à qui j'adresse périodiquement un relevé de nos comptes et un rapport circonstancié sur nos dépenses avant chaque nouveau virement d'argent, dépêche de son côté une mission de contrôle pour vérifier les réalisations faites sur les différents sites. Son rapport est confirmé par de nombreuses photos, celles des familles déplacées, des canaux d'irrigation en fonctionnement, des champs de maïs et de tomates. Après avoir pris connaissance de ce rapport, la CISL adresse une note de protestation au BIT, dénonçant le comportement inadéquat de son expert qui a effectué un travail partial et partiel quisqu'il n'a pas rencontré ne serait-ce qu'un des membres de l'équipe de gestion du projet. À la suite de cette note, cet expert est aussitôt relevé de ses fonctions et rappelé à Genève.

Pour autant, le président de la CST n'est pas satisfait. Cette fois, c'est un haut fonctionnaire du Tchad, Selguet Hassan, qui, dans le passé, a occupé plusieurs postes de directeur général dans divers établissements publics, qu'il charge de mener la même enquête inaboutie faite par l'expert du BIT. Je suis tout de même très étonné quand Selguet Hassan a le culot de me demander la voiture dédiée au projet pour effectuer son enquête ! Il pense vraisemblablement qu'il pourra ainsi réduire la méfiance des membres des groupements agricoles qui seront portés à croire que j'ai donné mon approbation à sa mission de contrôle. Toutefois, pour bien lui montrer que je n'ai rien à cacher, ni aucune raison de m'inquiéter de ses investigations, j'accepte sa requête et je mets à sa disposition le véhicule avec chauffeur chaque fois qu'il en a besoin.

Après plusieurs semaines de prospection, il remet directement son rapport au président Issaka Hassan, sans même m'en donner une copie pour information. J'en saurai prochainement la teneur puisque le président de la CST envisage de convoquer une session extraordinaire du Conseil syndical national pour l'examiner. Le rapport de Selguet Hassan a été ainsi confié à madame Izzo Rakhié, une camarade membre du Bureau exécutif, malheureusement décédée depuis (Dieu ait son âme), à laquelle revient la charge de le présenter à la session du Conseil. Mais, soit de sa propre initiative, soit sur les conseils de son époux, très au fait des manipulations et magouilles d'Issaka Hassan, elle renonce au rôle délicat qu'on voulait lui faire jouer. Au bout du compte, le travail de Selguet Hassan, auquel il a consacré tant de temps et de moyens aux dépens du projet (frais de carburant et autres), finira aux oubliettes : la session du Conseil syndical national n'aura jamais lieu. Je ne sais ce qu'on aurait appris qu'on ne sache déjà dans ces rapports remis par l'expert du BIT et par Selguet Hassan, ni ce qui y était falsifié. Ce qui est sûr, c'est que personne ne nous les a montrés. Je regrette encore de n'avoir pu en prendre connaissance.

L'opération Selguet Hassan étant un échec, les obstacles dressés sur notre chemin par le président Issaka Hassan et ses acolytes se poursuivent.

Tentatives de neutralisation de la CST : la fusion de la CST et de l'UNATRAT

Depuis plusieurs mois il est question de fusionner la CST et l'UNATRAT. En principe, avant une opération de ce type, chaque Centrale est tenue de consulter ses organes statutaires et d'obtenir leur approbation. Mais, au début de l'année 1989, nous apprenons que, contrairement à la procédure normale, les discussions relatives à la fusion des deux Centrales du pays sont déjà engagées. Elles sont menées sous la direction de Robert Kadjangaba, commissaire adjoint à l'organisation des masses de l'Union nationale pour l'indépendance et la révolution (l'UNIR), le mouvement politique du président Hissein Habré. Or, ni les membres du Bureau exécutif et du Conseil syndical national de la CST, ni les dirigeants des syndicats affiliés n'en ont été informés. Aussi les responsables des fédérations et des syndicats nationaux affiliés à la CST décident-ils de réagir et de distribuer un tract qui dénonce ces négociations menées en catimini, en dehors des règlements.

Le président de la CST, Issaka Hassan, a évidemment connaissance de ce tract et nous convoque, Haroun Khagair et moi, dans son bureau de l'UNIR. Là, nous sommes accueillis avec une mise en scène impressionnante, faite pour nous intimider. Un combattant muni d'un fusil d'assaut est posté à l'entrée, et, sur le bureau du président Issaka Hassan, à portée de main, est posé un fusil kalachnikov. A été convié à la séance le procureur de la République, assisté d'un gendarme chargé de dresser le procès-verbal.

D'emblée, le président Issaka Hassan nous accuse d'avoir fait distribuer le tract en ville pour inciter les travailleurs à organiser des manifestations et des soulèvements contre le pouvoir. Il y voit clairement une tentative de déstabilisation du régime. C'est donc une faute grave, très grave, dont nous sommes responsables et dont nous aurons à payer les conséquences.

C'est la première fois que des fédérations professionnelles et des syndicats nationaux distribuent un tract en ville, il est donc à craindre qu'une telle initiative ne restera pas impunie. Mais pourquoi ne sommes-nous que deux à être inquiétés alors que c'est d'un commun accord que les syndicalistes de la CST, excepté les amis du président, ont décidé de protester en distribuant ce tract. Il est vrai que Haroun Khagair est le

Secrétaire général de l'Union syndicale du Chari Baguirmi. Quant à moi, je cumule, outre mes fonctions de Secrétaire confédéral chargé de l'organisation et de l'éducation de la CST, celle de Secrétaire général de la Fédération nationale des institutions financières, (FENASIF), regroupant les banques, les compagnies d'assurances, les établissements tels que la Caisse nationale de prévoyance sociale et la Caisse autonome. Cela ne suffit pas à expliquer que nous soyons les seuls à être considérés comme responsables ! Sans doute Issaka Hassan s'imagine-t-il que nous sommes les instigateurs du tract, donc les plus dangereux, et qu'il faut, d'une manière ou d'une autre, nous éliminer ; d'autant qu'il ne digère toujours pas de n'avoir pu prendre le contrôle du projet Solidarité-Sahel quand Haroun Khagair et moi faisons partie de l'équipe de gestion. Cette fois, après le fiasco des deux enquêtes commanditées sur ce projet, il croit pouvoir se venger en portant contre nous des accusations devant le procureur de la République et un gendarme. La présence de ces deux personnages nous oblige à soutenir notre défense en démontant point par point les charges portées contre nous par notre « juge », le président Issaka Hassan.

Des militants combattifs

Nos arguments ne manquent pas. En premier lieu, nous expliquons que le tract incriminé n'a pas été conçu par nous deux uniquement. Il est l'aboutissement des débats qu'ont eus les dirigeants de tous les syndicats affiliés à la CST, réunis après avoir appris la fusion projetée avec l'UNATRAT par un petit groupe affilié à Issaka Hassan, et cela contre toutes les règles de la Centrale, ainsi que je l'ai mentionné plus haut. Compte tenu de l'origine collective du tract, il aurait fallu en tenir pour responsables tous les dirigeants syndicalistes et les convoquer tous avec nous !

En ce qui conerne la fusion des deux Centrales, nous rappelons que la décision en revient au Congrès de chaque Centrale concernée et ne relève en aucune sorte de la compétence d'une poignée de syndicalistes, fussent-ils même les dirigeants des Centrales en question.

Par ailleurs, les discussions concernant cette fusion auraient dû se dérouler à la Bourse du travail et non pas clandestinement dans un bureau quelconque et, de plus, sous la direction du Secrétaire général adjoint chargé de l'organisation des masses de l'UNIR, qui normalement n'a aucun lien avec les Centrales syndicales, indépendantes du politique.

Ceci dit, notre argumentation, qui s'appuie sur notre indépendance vis-à-vis de tout parti politique, peut être contestée : en 1984, lors de la création de l'UNIR, nos dirigeants avaient proposé à Issaka Hassan de réserver au Comité central de l'UNIR cinq sièges pour les délégués de notre syndicat. De son propre chef, sans convoquer un congrès de la CST pour en délibérer, le président Issaka Hassan avait accepté la proposition ; ce qui revenait à une adhésion de fait de notre Centrale syndicale à ce mouvement politique. En outre, il s'était arrogé le droit de dresser seul, sans en référer à quiconque, la liste de ces cinq délégués, tous de ses amis, dont il était le chef de file, et de la remettre sans plus de consultation aux organisateurs du congrès de l'UNIR. Cette adhésion de principe à l'UNIR, décidée uniquement par le président Issaka Hissan, avait donc été prise en violation manifeste des statuts et du règlement intérieur de notre Centrale.

Par conséquent, ce jour-là, nous déclarons devant le procureur de la République que cette modalité d'affiliation à l'UNIR n'engageait que la personne d'Issaka Hassan et qu'elle était donc nulle et sans effet. Ce qui revient à dire que le tract qui nous est reproché, ne concernant que les règlements intérieurs de notre Centrale ne peut en aucun cas faire l'objet d'une accusation de déstabilisation du régime, comme il a été identifié par le président.

Confondu par ces arguments le président Issaka Hassan est débouté, les charges contre nous tombent et la réunion prend fin !

De retour à la Bourse du travail, nous faisons le compte rendu de la rencontre à nos camarades responsables des fédérations professionnelles et des syndicats nationaux qui nous attendent avec impatience. Sur la lancée, nous décidons ensemble d'envoyer sur le champ une délégation que je conduirai auprès de Robert Kadjangaba. Nous lui demanderons d'arrêter les discussions concernant la fusion syndicale envisagée en lui faisant observer qu'elle ne peut se faire qu'avec l'approbation des syndicats de base réunis en congrès. Robert Kadjangaba est un ami que je connais depuis les années 70 lorsque nous étions étudiants à Bruxelles. C'est un homme pondéré et sage, très au fait du fonctionnement des organisations sociales et syndicales. Après avoir écouté attentivement nos explications, il classe le dossier sans suite.

Pour autant, l'histoire de la fusion ne s'arrête pas là ! Quelques jours plus tard, c'est au tour de Djimet Togou, le commissaire chargé des organisations des masses de l'UNIR de descendre dans l'arène… Il invite la délégation qui avait rencontré Robert Kadjangaba à venir le voir au plus vite. Je suis donc présent quand il ouvre la séance en nous déclarant qu'il nous a appelés pour nous entretenir de la fusion des deux Centrales syndicales du Tchad. Il avait confié le dossier à son adjoint, croyant que celui-ci le traiterait avec diligence. Or que constate-il : non seulement les discussions ont traîné en longueur mais, plus grave, le dossier vient d'être classé. Face à cette situation de blocage, étant donné l'importance qu'attache l'UNIR à cette fusion, il décide de prendre lui-même les choses en main. Il nous avertit qu'il tient à ce que le dossier progresse rapidement et qu'il n'acceptera pas le moindre retard, ni la moindre entrave au projet. Je demande alors la parole pour lui faire remarquer qu'une décision aussi importante que celle de la fusion de deux Centrales ne peut être traitée de cette manière. Il m'interrompt aussitôt avec irritation : il n'admet pas que quiconque se permette d'avoir avec lui la même conduite que celle que nous avons eue avec son adjoint sur ce même sujet. Pour lui, quoi que nous en pensions, la fusion doit être réalisée, et ce dans les meilleurs délais.

Il ne me reste plus qu'à me taire et à assister à la suite des débats sans essayer d'intervenir. En fait, tout a été réglé d'avance et ne concerne essentiellement que la répartition des postes dans la nouvelle organisation des deux Centrales syndicales fusionnées.

Le soir, je décide d'avoir avec lui une entrevue plus apaisée. Je me rends donc seul à son domicile avec tous les documents utiles et pertinents, à savoir la Convention n°87 de l'Organisation internationale du travail relative à la liberté syndicale et à la protection des droits syndicaux, le Code du travail, les Statuts et le Règlement intérieur de la CST, la liste des membres du Bureau exécutif de la CST.

Chez lui, en tête à tête, je lui explique calmement, preuves à l'appui, les raisons pour lesquelles la fusion syndicale ne peut être traitée de la façon dont il compte s'y prendre. J'ajoute que les membres de la Centrale syndicale qui siègent au comité central de l'UNIR y sont à titre personnel et ne peuvent se prévaloir d'être les représentants de la Centrale, car aucun Congrès ne leur en a donné mandat. Par conséquent, si une fusion devait se réaliser dans ces conditions d'illégalité, non seulement elle soulèverait de nombreuses contestations mais elle serait suivie d'une plainte contre le gouvernement déposée auprès du Comité de la liberté syndicale du BIT à Genève. Ce soir-là, Djimet Togou paraît être convaincu par mon argumentation. Il cesse de nous convoquer mais, pour autant, l'UNIR ne renonce pas au projet de fusion…

Dans cette impasse, le président de la CST, Issaka Hassan, à défaut d'un Congrès, organise une réunion avec les membres du Conseil syndical, élargie aux présidents et aux secrétaires généraux des Fédérations professionnelles et des Syndicats nationaux. De cette façon, en contournant la légalité, la fusion des deux Centrales est finalement discutée et adoptée.

C'est ainsi que, en dépit d'une objection émise par l'UNATRAT, non retenue, les deux Centrales décident d'un commun accord d'organiser un Congrès mixte, du 28 au 29 novembre 1988, où ne sera inscrit à l'ordre du jour que la fusion des deux syndicats. Aux dates convenues, le Congrès ouvre ses travaux dans la grande salle des conférences de la mosquée du roi Fayçal. La fusion est ainsi légalisée le 29 novembre 1988 et la nouvelle Centrale prend le nom d'Union nationale des syndicats du Tchad (UNST). Les principaux membres du bureau exécutif sont désignés par consensus :

– président : Issaka Hassan, ex président de la CST ;

– vice-président : Dombal Djimbagué, ex secrétaire général de l'UNATRAT ;

– secrétaire général : Laoukoura Sa Ndoudjinang, ex-secrétaire général adjoint de l'UNATRAT ;

– secrétaire général-adjoint : Djibrine Assali Hamdallah, ex secrétaire confédéral chargé de l'organisation et de l'éducation de la CST

– trésorier général : Tchankbélé Matkissam, ex trésorier de la CST ;

– trésorier adjoint : Brahim Bakas, ex secrétaire adjoint de l'UNATRAT.

Toutefois, non sans courage, quelques camarades n'appartenant pas à une fédération professionnelle ou à un syndicat national, maintiennent avec détermination le rapport de force avec le pouvoir politique.

III

MON ENGAGEMENT EN POLITIQUE

Secrétaire d'État, Député, Président d'association

En ce qui concerne la politique, le début de mon engagement commence par ma nomination en 1981 au poste d'Attaché de cabinet du secrétaire d'État au ministère de l'Économie et des Finances, à l'époque du Gouvernement d'union nationale de transition, dit GUNT, dirigé par le président Goukouni Weddeye.

C'est mon ami, feu Ehémir Torna, (paix à son âme) qui, une fois nommé au gouvernement, me demande d'être le chef de son cabinet. Dans le contexte difficile de ces années-là, c'est une tâche très difficile. Je ne regrette pourtant pas de l'avoir acceptée car cette fonction au sein d'un important ministère m'a ouvert des horizons insoupçonnés et m'a permis d'avoir de nouvelles connaissances et de nouer de nombreuses relations. De plus, elle m'a offert l'occasion de rendre d'appréciables services au mouvement syndical. Malheureusement, cette expérience n'a été que de courte durée puisqu'au mois de juin 1982 le GUNT est chassé du pouvoir par les Forces armées du Nord (FAN).

Comme convenu, je reprends mon service à la STAR Nationale, tout en continuant mes activités syndicales. Mais je dois reconnaître que je suis désormais atteint par le virus de la politique et que je n'attends que l'occasion de m'y engager.

L'occasion se présente quand, après l'organisation du référendum pour l'adoption de la constitution de la 3e République, le Président Hissein Habré, alors animé par la volonté de démocratiser les institutions, annonce la tenue d'élections législatives libres et démocratiques au cours de l'année 1989. Je décide de tenter ma chance et je dépose ma candidature dans la circonscription de Mangalmé dont je suis originaire. Nous sommes cinq candidats inscrits pour un seul siège, dont le secrétaire général de l'UNIR de la sous-préfecture, un chef de canton, un frère du chef de canton de Malgalmé-centre et, enfin, un ancien sous-préfet de la localité. A la proclamation des résultats mon nom sort en tête. Nous sommes au total six députés élus pour la région du Guéra :

Circonscription de Mongo : Mariam Ourdi et Abgoudja Khamis.

Circonscription de Bitkine : Khamis Daga et Malloum Izzo.

Circonscription de Melfi : Ourada Boudia.

Circonscription de Mangalmé : Djibrine Assali Hamdallah.

De retour à Ndjaména, les députés du Guéra, dont je suis, se concertent pour savoir qui présentera sa candidature pour le poste de troisième vice-président au bureau de l'Assemblée nationale. Une grande réunion rassemble toutes les personnalités de la préfecture du Guéra présentes à Ndjaména pour le désigner. Leur choix se porte unanimement sur ma personne. Je m'explique ce choix par les raisons suivantes :

– En premier lieu, j'ai été président de l'Association de solidarité des ressortissants du Guéra. À l'époque, si par malheur quelqu'un tuait un Gorane, la *diya* l'obligeait à payer aux ayants-droit de la victime quatre millions de francs CFA. Mais, comme personne ne possède une telle somme, nous nous étions organisés pour créer en 1984 une Association de solidarité qui a permis de résoudre à l'amiable de nombreux et difficiles conflits. Côté Gorane, j'ignore s'il existait une association semblable à la nôtre. Je sais seulement que, lors des deux ou trois réunions que nous avons eues avec eux, leur délégation, dirigée par le général Tahir Guinassou, comprenait le père du président Hissein Habré.

La seconde raison est liée à mes activités syndicales qui m'ont donné une certaine notoriété ; laquelle m'autorise à disputer une compétition avec quelque succès. J'obtiens donc avec une large majorité le poste de vice-président au bureau de l'Assemblée nationale qui, entre autres, comprend :

– président : Alingué Jean Bawoyeu ;

– 1er vice-président : Alhadj Tahirou Ali ;

– 2e vice-présidente : Louise Bourkou ;

– 3e vice-président : Djibrine Assali Hamdallah ;

– 4e vice-président : Abakar M'Bodou Bami, etc.

Malheureusement, cette Assemblée nationale (dont les membres ont été élus dans des conditions de liberté, de démocratie et de transparence jamais connues au Tchad du temps de feu le président N'Garta Tombalbaye, et qui n'existeront pas davantage sous le régime du président suivant Idriss Déby Itno, encore au pouvoir), ne dure que quatre mois, elle est en effet dissoute dès la prise de pouvoir par le Mouvement patriotique du salut, le MPS, le parti politique créé par Idriss Déby.

L'Assemblée nationale, les députés et le MPS

À ce propos, je dois signaler que le 30 novembre 1990, la veille de l'entrée des troupes d'Idriss Déby à Ndjaména, le président Hissein Habré reçoit à son domicile, vers 20 heures, tous les membres du Bureau de l'Assemblée nationale. Il tient à nous expliquer les raisons de la défiance des Français à son égard : ils veulent à tout prix le chasser du pouvoir. Ils lui reprochent notamment d'avoir donné l'exploration et l'exploitation du pétrole aux Américains. Or, nous explique Hissein Habré, ce projet a été préalablement concédé par l'ancien président N'Garta Tombalbaye à la société américaine CONOCO. Puis, il précise que les Français n'ont pas la capacité financière pour mettre en valeur un tel projet. Il conclut en nous disant qu'aujourd'hui la situation est grave à cause de l'avancée des troupes d'Idriss Déby sur Ndjaména. C'est la raison pour laquelle il nous demande de réunir de toute urgence l'Assemblée nationale et de lui accorder les pleins pouvoirs pour qu'elle soit en mesure de faire face à une situation attendue.

Nous l'écoutons pendant une heure, puis nous rejoignons nos domiciles. Mais, avant de nous séparer, nous décidons de nous retrouver le lendemain matin à 9 heures à l'Assemblée nationale pour arrêter ensemble les modalités d'organisation de la séance plénière. Le 1er décembre 1990, dès 8 heures 30, je me prépare à notre rendez-vous lorsque notre chef de race arrive précipitamment chez moi et me dit de ne pas sortir de la maison. Je lui objecte que je dois absolument aller à l'Assemblée nationale pour une réunion très importante du Bureau. Il me conseille alors de ne pas m'y rendre en voiture car rien ne va plus au centre-ville et il m'informe alors que le président Hissein Habré a déjà quitté Ndjaména.

Je me rallie aux sages conseils de notre chef de race et j'enfourche une moto pour rejoindre le siège de l'Assemblée situé à la cité de l'OCAM sur la rive droite du Chari au sud de la ville. Mais le building de Moursal est déjà aux mains des pilleurs, sans qu'aucun agent des forces de l'ordre ne soit présent pour les en empêcher. Néanmoins, je roule jusqu'au portail d'entrée de la cité qui est fermé. Je n'ai plus qu'à rebrousser chemin. Avant de revenir chez moi, je m'arrête au domicile du président Alingué Jean Bawoyeu qui, fort heureusement, s'y trouve en compagnie des 1er et 4e vice-présidents de l'Assemblée. Nous échangeons quelques mots sur ce qui est en train de se passer. Alingué nous apprend que l'ambassade de France vient de l'appeler pour lui confirmer ce que nous savons déjà : la fuite du président Hissein Habré. Il ajoute : « J'attends une escorte des militaires français qui doit incessamment venir me chercher pour me conduire à l'ambassade de France. » Nous nous concertons alors très rapidement sur la position à adopter. Puisque seul le président Alingué est convié à l'ambassade de France, nous lui demandons de s'en tenir aux dispositions de la Constitution qui prévoient qu'en cas de vacance du pouvoir, c'est le président de l'Assemblée nationale qui assume l'intérim pour une période maximum de 90 jours ; à l'issue de cette période, des élections présidentielles doivent être organisées. Si, au cours des entretiens qu'il aura prochainement à l'ambassade de France, cette disposition est contestée, il devra exiger une suspension de séance pour nous appeler.

Nous avons donc l'obligation de rester à nos domiciles respectifs dans l'attente de son appel. Vaine attente ! L'appel du président de l'Assemblée ne viendra pas. Cependant, le soir de cette journée de dupes, surprise ! Un communiqué lu à la radio nous informe qu'une réunion d'autres personnages, les élus du Bureau de l'Assemblée nationale, doit avoir lieu à l'hôtel Novotel pour mettre en place un comité d'accueil pour Idriss Déby. Nous apprenons du même coup que le président Alingué n'a pas respecté la décision que nous avions arrêtée ensemble le matin-même à son domicile. C'est pour nous une grande déception. Nous ne comprenons pas pourquoi Alingué, alors président de l'Assemblée nationale, ne nous a pas réunis, nous qui avons été démocratiquement élus, pour nous faire le compte-rendu des arrangements convenus avec ses interlocuteurs français et, sans aucun doute, avec certains membres du MPS. Plus tard, nous saurons que les responsables de l'UNIR, à la suite d'une réunion tenue ce même 1er décembre 1990 à Maroua, au Cameroun, lui avaient également demandé par courrier, comme nous l'avions fait, d'exiger l'application de la Constitution. Alingué ne nous en a jamais parlé.

Son silence, et sa prise de position personnelle, (qui répondait à ses ambitions) nous ont donc placés devant le fait accompli, sans que nous ayons eu, à aucun moment, la possibilité de réagir. C'est ainsi que nous avons été forcés d'accepter et de subir une situation inquiétante et anti-démocratique.

Par la suite, en vertu de l'accord conclu sous l'égide de la France, le colonel Idriss Déby s'installe à la présidence de la République, et le poste de Premier Ministre revient à Jean Baoyeu Alingué. D'évidence, celui-ci est davantage préoccupé de son intérêt personnel que de ceux de son pays. Une bonne affaire pour lui et sa famille puisque, aujourd'hui encore, alors qu'il s'est volontairement retiré de la vie politique, il a passé le relais à ses enfants. L'une de ses filles est membre du gouvernement et l'un de ses fils conseiller à la présidence de la République.

Pour dire toute la vérité sur ces jours où le MPS a pris le pouvoir pour ne le rendre jamais, certains députés ont néanmoins tenu quelques réunions de concertation au domicile de Ouchar Tourgoudi, élu du Ouaddaï. Mais ces réunions ont cessé quand la plupart d'entre nous, secrètement contactés, ont purement et simplement été cooptés au sein du Conseil provisoire de la République formé ultérieurement.

Un MPS anti-démocratique

À son arrivée en décembre 1990, le MPS est chaleureusement accueilli par toutes les couches de la population, écrasée par la dictature féroce de Hissein Habré. L'enthousiasme est à son comble quand elles écoutent la fameuse déclaration de l'homme fort du moment, Idriss Déby : « Je vous apporte un cadeau qui n'est ni or, ni argent, mais la démocratie ».

À propos de ce discours et des espoirs qu'il a fait naître, voilà ce qu'écrit, très justement le Dr Bichara Idriss Haggar[1] : « *Hélas, au fil des jours l'espérance cède la place au désenchantement ! Le MPS ne répond malheureusement pas au changement espéré ! Une fois assis sur le trône du pouvoir, Déby oublie délibérément ses promesses et refuse de s'engager sur la voie du processus démocratique.*

1. Dans son livre : *Les partis politiques et les mouvements d'opposition armés de 1990 à 2012.* L'Harmattan, 2014.

À l'évidence, il n'a pas de programme politique précis. Il se contente seulement de gérer l'État au jour le jour. Pour lui, le concept de démocratie, alors en vogue, n'est qu'une requête de la communauté internationale, des bailleurs de fonds et des ONGs animés par une idéologie dont il ne se considère pas partie prenante. Du bout des lèvres, il fait semblant d'y d'adhérer pour donner le change, satisfaire ces institutions et l'opinion nationale, et faire croire qu'il répond, lui aussi, à cette exigence de valeur universelle. »

Pour atteindre l'idéal de gouvernance que représente la démocratie, il faudrait tout d'abord que le chef de l'État en ait réellement la volonté et, par ailleurs, qu'il possède suffisamment de culture pour avoir une vision claire de la société à construire. C'est précisément ce que proposait le président François Mitterrand aux chefs d'État africains réunis à la conférence de La Baule de 1990. Quant à Idriss Déby, il n'a visiblement pas la même conception de la démocratie. Il prend en main les rênes du pouvoir en se référant plutôt à une forme de gouvernance à la « Françafrique Foccardienne », taillée à sa mesure, qu'il mâtine de ses propres appétences et de pratiques répressives sournoisement menées.

Il n'est donc pas surprenant que le MPS, qui a pris le pouvoir en décembre 1990, le conserve depuis et n'ait jamais eu l'intention de le céder à qui que ce soit. Nous sommes loin de la démocratie annoncée. Dès le départ, ce pouvoir s'est illustré par la violation répétée des Droits de l'Homme et a continué en accumulant favoritismes, injustices, répressions et crimes. Il est obligatoire de faire allégeance au président Déby et de lui jurer fidélité. D'abord pour ne pas avoir d'ennuis et, éventuellement, pour accéder à des postes de responsabilité accordés en priorité à sa parenté, puis aux uns et aux autres, selon son bon vouloir. J'en veux pour preuve ce qui se passe alors dans les communautés Dadjo du Guéra que je connais bien puisque j'en fais partie.

Un pouvoir coutumier du favoritisme : accord Dadjo Dar Sila/Zaghawa

Le Guéra est une province située dans le nord-est du Tchad. Trois communautés Dadjo se répartissent dans les régions du Dar Sila, d'Eref, de Mangalmé et de Mongo. Que constate-t-on depuis l'arrivée du MPS au pouvoir ? Que sur le plan politique, le régime de Déby a toujours favorisé la communauté Dadjo du Dar Sila au détriment des autres, particulièrement celles d'Eref et de Mongo. C'est ainsi que seuls les ressortissants du Dar Sila sont représentés dans les différents gouvernements, que ce soit par Amadaye Abdelkerim ou Abdelkerim Saïd Bauche, l'un et l'autre ayant alternativement occupé plusieurs postes ministériels. Sans mettre en doute leurs compétences, on peut se demander s'ils sont irremplaçables ou s'il n'existe pas de cadres valables dans les autres communautés Dadjo. D'aucuns m'objecteront que les privilèges dont bénéficient les Dadjo du Dar Sila sont dus à la reconnaissance que le MPS et son président doivent à feu imam Moussa Ibrahim qui les avait soutenus antérieurement. Cela est faux puisque l'imam en question est originaire d'Eref et non du Dar Sila. J'ai une toute autre explication, celle donnée plus haut : les responsables et autres notables des Dadjo du Dar Sila ont fait allégeance et juré fidélité, au nom de leur communauté, au Président Déby et à la communauté Zaghawa.[1]

1. Voir p. 175 la photocopie du document indiquant l'alliance stratégique de la communauté Dadjo du Dar Sila et de la communauté Zaghawa.

Mais que l'on ne s'y trompe pas ! Quand je rappelle ainsi l'exclusion systématique dont sont victimes les Dadjo de Mongo et de Mangalmé, ce n'est pas par dépit, jalousie ou quelque autre ressentiment ! J'ai eu assez de responsabilités dans ma vie pour n'avoir pas besoin de revendiquer un fauteuil ministériel, quel qu'il soit, ou tout autre poste ! Non, je le fais pour dénoncer des pratiques antidémocratiques d'un autre âge, et surtout par souci de justice. Je dois dire aussi, pour éviter toute confusion, que je suis conscient qu'au Tchad il faut savoir concilier les exigences de la démocratie et celles de ses nombreuses communautés. La répartition des postes de responsabilité doit tenir compte, non seulement de la compétence, mais également de l'origine ethnique des responsables politiques. Notre histoire est tumultueuse, pleine de conflits qui auraient pu être évités en respectant une certaine équité entre nos régions. Il semble que cette équité n'ait jamais été respectée. Ainsi, a-t-on reproché au président Tombalbaye d'avoir favorisé les Sudistes dont il était, et aux militaires de Malloum d'avoir aidé leurs parentés. Sous le régime d'Idriss Déby, c'est pire encore ! Or, selon les dispositions de la Constitution, tous les citoyens tchadiens jouissent des mêmes droits et des mêmes devoirs. Nous ne demandons que son application !

Un pouvoir qui élimine ses alliés : les événements du 13 octobre 1991

Moins d'un an après la prise du pouvoir par le MPS, dès le mois d'octobre 1991, apparaît la première fissure importante avec l'arrestation du vice-président du MPS,

Maldom Bada Abbas, le Président du MOSANAT, composé essentiellement des rebelles de la communauté Hadjeraï. Le MOSANAT fait partie des groupes qui ont formé le MPS, avec le mouvement du 1er avril d'Idris Déby, en 1989.

Selon la version officielle, Maldom Bada Abbas aurait projeté un coup d'État contre Idriss Déby. Version controversée car, si certains proches de Maldom semblent en effet impliqués dans ce projet, sans qu'on en ait la preuve formelle, ce n'est pas le cas de Maldom lui-même, strictement fidèle à son serment juré sur le Coran lors de l'accord de Bamina. En aucune façon il n'a pu le trahir, quelles que soient les motivations de ses amis. C'est pourquoi la thèse du complot, avancée pour justifier son arrestation, est incompatible avec le contrat moral contracté dans le maquis. Mais l'influence militaire des Hadjeraï, l'ethnie dont Maldom est le membre le plus important et le chef incontesté de ses combattants, fait peur au nouveau maître du Tchad, Idriss Déby. Il doit éliminer cette éventuelle concurrence. D'où l'arrestation de Maldom et, dans les quartiers de Ndjaména, la chasse sanglante de ses ex-alliés du maquis. Cette terrible répression pousse la plupart des anciens combattants Hadjeraï, qui ont ensuite intégré l'armée nationale, à entrer à nouveau en rébellion. Certains regagnent leur région d'origine vers Melfi, d'autres, dirigés par le colonel Kaffine Chadallah, fuient vers le Nigeria avec l'intention de rejoindre plus tard leurs amis rebelles de l'intérieur.

Pendant ce temps, la traque des Hadjeraï continue à Ndjaména. Les Zaghawa d'Idriss Déby passent au crible les domiciles de leurs alliés d'hier pour les arrêter, ou mieux, les tuer. C'est ainsi que, pendant son absence, la maison d'un responsable Hadjeraï est « visitée » à trois reprises par plusieurs hordes d'assassins. N'ayant pas le temps de fuir comme les autres, il se réfugie chez moi.

Solidaire des pourchassés

Il se trouve que notre chef de race accueille également chez lui l'un de mes parents, Mahamat Nour N'Garé. Celui-ci, apprenant que je cache chez moi un Hadjeraï, demande à le rencontrer. Lors de cette entrevue, ils conviennent ensemble de traverser le fleuve en cachette pour rejoindre au Nigeria le groupe du colonel Kaffine. Mais les choses ne se passent pas comme prévu. À l'exemple de certains de nos frères qui ont vécu et grandi au Soudan, fidèles à leurs intérêts personnels plutôt qu'à la parole donnée, Mahamat Nour N'Garé contacte, par l'intermédiaire du chef de race, monsieur Fadoul Hassan Kittir, un conseiller influent du président Idriss Déby qui le reçoit aussitôt. Son absence se prolongeant, mon hôte s'inquiète et prend la décision de traverser seul le fleuve Chari.

Un partenaire peu fiable

Mahamat Nour N'Garé a pris tout son temps pour expliquer ses difficultés à Fadoul Hassan Kittir ! Après cet entretien avec le conseiller du président, il est envoyé en mission officielle au Guéra, alors que ses frères continuent d'être assassinés. Mais son domicile à Ndjaména n'est pas pour autant exempté de pillage ! Il est si bien vidé que N'garé se retrouve dépossédé de tout. Plus de mobilier, de voiture, ni même de vêtements, hormis ceux emportés durant sa mission. Il sollicite alors une aide auprès d'Idriss Déby. Selon les dires de notre chef de race, Mahamat Sossal Sideck, Idriss Déby apprécie particulièrement Mahamat Nour N'Garé pour ses qualités de stratège et ses tactiques militaires. Dès le début des événements il s'est préoccupé de ce qui lui arrive. Mais, selon moi, il craignait surout de le voir rejoindre ses camarades rebelles, aussi, est-il content de le savoir encore à Ndjaména. Il le reçoit sans tarder et Mahamat Nour N'Garé n'hésite pas à trahir ceux qui l'ont secouru, et en particulier à révéler que j'ai caché Adoum Raterlem et que je l'ai aidé à traverser le Chari pour rejoindre le groupe de Kaffine. Dans ce déballage, il avoue qu'initialement il avait décidé de partir avec lui, mais qu'il a changé d'avis en se souvenant des bonnes relations qu'il a toujours eues avec lui, Idriss Déby, aujourd'hui président, et dont il se refuse à trahir la confiance. Le président est extrêmement satisfait de ces révélations et de la loyauté que lui témoigne N'Garé ! Il donne aussitôt les instructions pour que lui soient remis un véhicule, une somme d'argent importante et tout ce qui lui est nécessaire. C'est ainsi que, royalement récompensé, N'garé se fait construire une belle villa au quartier Amriguébé.

La suite donne raison à l'adage : « bien mal acquis ne profite jamais » ! En effet, moins d'un an après, il vend sa voiture pour la remplacer par une moto. Puis, c'est au tour de la belle villa d'être cèdée à un autre propriétaire ! En quelques années, il n'a plus rien ! Il vit chichement dans une maison de location et circule en moto dans les rues encombrées de Ndjaména. Comme un malheur n'arrive jamais seul, en 1992, sur l'axe Palais du quinze-Dembé, il est renversé par un véhicule. Victime de multiples fractures, il reste alité pendant plusieurs mois sans parvenir à se rétablir. Il est alors transféré dans un hôpital du Soudan mais reste handicapé. Lorsque le 17 mai 2018 je l'ai au téléphone, il me répond qu'il peut maintenant marcher sans béquilles mais qu'il n'est pas encore complétement rétabli ! Il espère néanmoins qu'une prochaine opération lui redonnera une certaine autonomie. Voilà donc plusieurs décennies qu'il se retrouve dans l'incapacité de travailler, et même de marcher normalement !

À mon humble avis d'honnête et innocent citoyen, il ne fait que payer le prix de sa trahison et de sa malveillance. Je suis loin de le plaindre. Et même si nous avons continué d'avoir des relations normales, je ne peux oublier qu'il est en partie à l'origine de mes problèmes avec le pouvoir MPS et des préjudices dont je suis victime jusqu'à ce jour.

Pour en revenir à la crise qui secoue le MPS, la traque des Hadjeraï ne se fait pas sans dégâts collatéraux : elle a pour conséquence une rébellion dans la région de Melfi, au Guéra, où ont lieu des affrontements meurtriers entre rebelles et militaires du gouvernement. Pour tenter de calmer cette rébellion, tout ce que Ndjaména compte de personnalités représentatives et de cadres originaires du Guéra se réunit pour solliciter une audience auprès du président Idriss Déby. Il nous reçoit et nous lui proposons de constituer une mission de médiation dans la région qui ramenerait à la raison les frères en rébellion et qui, dans un esprit de réconciliation, instaurerait la paix. Nous profitons également de cet entretien pour demander la libération de Maldom Bada Abbas.

Je dois dire que cette audience me met très mal à l'aise car le Président ne parvient pas à contenir son irritation contre nous tous. Je suis particulièrement visé : son regard ne me quitte pas d'une seconde lorsqu'il déclare : « C'est vous-mêmes qui créez des problèmes et vous venez ensuite me voir pour soi-disant contribuer à une réconciliation ! D'ailleurs, j'en connais même un parmi vous qui a caché chez lui et fait sortir de Ndjaména Adoum Raterlem ! »

Malgré cette atmosphère pesante, pleine de suspicions et de défiances, il accepte notre proposition et nous donne l'autorisation de faire cette mission de médiation. Il nous en fournit même les moyens logistiques et assure qu'il transmettra les instructions nécessaires pour que les militaires gouvernementaux cessent d'effectuer des opérations dans la zone concernée.

La mission de paix et de réconciliation au Guéra : une manipulation

Comme convenu, une importante délégation dirigée par Gamaï Djari, Secrétaire d'état au ministère de l'Intérieur et de la Sécurité, quitte Ndjaména pour le Guéra. Délégation dont je fais partie. Mais alors que nous sommes sur la route, un décret lu à la Radiodiffusion nationale tchadienne (RNT), nous informe que je suis relevé de mes fonctions au Conseil provisoire de la République et remplacé par Mahamat Bachar Gadaya, également membre de la mission.

À Bitkine où nous arrivons en pleine nuit, un homme vient nous voir et nous dit qu'Abatcha Boukar, l'un des principaux dirigeants politiques de l'insurrection de Melfi, se cache en ville et qu'il souhaite rencontrer dans un lieu discret Alhadj Téléboune Mongoyé qui fait partie de la mission. Je dois préciser qu'Abatcha Boukar est un vieil ami, un militant expérimenté et sûr de l'une de nos fédérations professionnelles. Je me porte aussitôt volontaire pour accompagner Al Hadj Téléboune au rendez-vous fixé. Abatcha Boukar nous raconte alors comment, après la débandade des Hadjeraï, il est parvenu à atteindre Bitkine. Comme il sait que notre mission cherche la paix et la réconciliation, et il se met entièrement à notre disposition pour assurer sa réussite, sinon il ne se sentira jamais en sécurité dans la région. Son ralliement nous satisfait tous. Nous allons ensemble à la sous-préfecture où toute la mission passe le reste de la nuit. Au matin, le sous-préfet, qui connaît très bien la mentalité des combattants gouvernementaux, nous conseille de l'emmener avec nous et de ne pas le conduire à Mongo où il ne serait pas en sécurité. Il nous recommande surtout de ne pas le laisser à Bitkine : dans la région il n'est en sécurité qu'avec nous, au milieu de la délégation.

Après l'avoir écouté, nous poursuivons notre route sur Melfi en compagnie d'Abatcha, rallié à nous. Dès notre arrivée, je sens un je ne sais quoi dans l'accueil qui cloche. Je me rends compte que l'adjoint du sous-préfet de Melfi, en nous souhaitant la bienvenue, a salué chacun sauf Abatcha Boukar. Et les mots qu'il lui lance : « Alors, c'est ça votre rébellion ? ! » n'ont rien de conciliant.

Notre séjour à Melfi n'est pas simple et les difficultés se multiplient. Puisque je viens d'être démis du Conseil provisoire de la République, je ne participe pas aux réunions de concertation qui se tiennent constamment entre le sous-préfet, son adjoint, le colonel Adoum Acyl, commandant des opérations militaires et les principaux responsables de notre délégation. Il s'agit de régler plusieurs problèmes urgents : le sort des civils arrêtés et maintenus au secret, (dont le petit frère de Mahamat Bachar Gadaya, chef du bureau de poste et des télécommunications de Melfi) ; de savoir quelle suite donner à l'attente des rebelles qui essaient de se regrouper pour ouvrir des pourparlers aboutissant à leur éventuel ralliement ; de prendre des décisions en ce qui concerne les rebelles blessés qui doivent être soignés, etc.

Ces différentes confrontations font apparaître que le président Idriss Déby nous a manipulés et trompés. En effet, contrairement à son engagement de nous donner carte blanche pour trouver des solutions aux problèmes, les militaires n'obéissent qu'à ses ordres, ne tiennent aucun compte de notre point de vue et font obstacle à la paix en continuant leurs exactions. Ainsi, ont été exécutés tous les prisonniers, y compris le petit frère de Mahamat Bachar Gadaya qui, peu avant, nous a fait parvenir un papier où il nous disait sa situation et demandait sa libération. De même, quand ces militaires apprennent où se sont regroupés les rebelles qui souhaitent négocier, ils montent aussitôt une opération pour les attaquer. Nous comprenons alors que nous sommes utilisés non pas pour faire la paix mais pour servir à la répression.

Nous demandons alors à Mahamat Zène Bada, membre de notre délégation, d'aller rendre compte au président de ce qui se passe et lui dire que nous attendons qu'il donne des instructions aux militaires pour que cessent toutes les opérations militaires contraires au dialogue souhaité avec les rebelles et nuisibles à notre mission de paix et de réconciliation. La démarche de Mahamat Zène Bada est faite, rien ne change dans le comportement des militaires ; nous décidons alors d'interrompre notre mission et de regagner Ndjaména.

L'élimination programmée d'Abatcha Boukar

Nous quittons Melfi escortés par une importante colonne militaire lourdement armée. Des véhicules nous précèdent et visiblement suivent celui du préfet du Guéra, Abakar M'Bodou Bami, en tête du convoi. Celui-ci file à une vitesse telle qu'on pourrait penser qu'il participe à une course automobile… Après avoir mis une bonne distance entre lui et nous, il fait une courte halte, redémarre en trombe et finit par stopper quelques kilomètres plus loin. Lorsque nos véhicules le rejoignent, le préfet nous explique qu'au moment où il s'est arrêté une première fois, les militaires en ont profité pour sortir Abatcha Boukar de son véhicule et l'emmener en brousse.

En effet, il m'a bien semblé avoir aperçu un groupe de ces militaires transportant une sorte de « colis », comme s'il s'agissait d'un mouton, et courir ensuite vers la brousse. Notre véhicule étant en queue de convoi, nous n'avons d'autre choix que de continuer de rouler pour rejoindre les voitures de tête qui ont pris de l'avance.

Plus loin, malgré l'impressionnant cortège des militaires armés jusqu'aux dents, la délégation, mise au courant de l'enlèvement et de l'assassinat probable d'Abatcha Boukar, avec vraisemblablement la complicité du préfet du Guéra, marque un temps d'arrêt. Abakar M'Bodou Bami veut faire le point sur cet événement et adopter une conduite conséquente. Mais, après quelques molles protestations, sans prendre la moindre décision, la délégation poursuit lâchement sa route en sachant pertinemment qu'Abatcha Boukar vient d'être livré à ses bourreaux. Fait troublant, qui prouve la préméditation de ce crime, après le redémarrage de nos véhicules, les militaires de notre escorte rebroussent chemin en direction de Melfi.

Mais nous ne sommes pas au bout des mauvaises surprises. Alors que nous sommes à l'arrêt dans un village, deux hommes sortent du coffre d'une berline le corps sans vie d'un militaire et chargent les villageois de l'enterrer. Renseignements pris, le cadavre serait celui d'un lieutenant ouaddaïen, gravement blessé, qu'on croyait pouvoir sauver en le dissimulant dans ce coffre et le faire soigner à Ndjaména. Malheureusement, il a succombé durant le trajet.

Des combats sans fin pour une réelle indépendance syndicale

Pour mieux illustrer l'ambigüité et le double langage d'Idriss Déby Itno, lequel avait promis à son arrivée le « cadeau de la démocratie », l'histoire des Hadjeraï, pourtant ses anciens alliés, nous montre comment il adapte la démocratie à son appétit de pouvoir sans partage.

De même, d'une manière plus sournoise mais avec une constante obstination, le nouveau maître du Tchad ne tarde pas à briser les velléités d'indépendance de nombreuses ONG. De toutes ses agressions durant la période 1990-1991, la dissolution de notre Centrale syndicale, l'Union nationale des syndicats du Tchad, est peut-être l'exemple le plus net.

Vers la fin du mois décembre 1990, alors que je me trouve à Tripoli, en Lybie, où je participe à une réunion de l'Organisation de l'unité syndicale africaine, le conseiller à la Fonction publique et du Travail, Moustapha Ali Allifeye, convoque le Bureau exécutif de l'UNST, et lui notifie que notre Centrale est dissoute et qu'en conséquence, elle doit cesser toutes ses fonctions.

Selon lui, le discours radiodiffusée du 4 décembre 1990 annonçant la dissolution du gouvernement, de l'Assemblée nationale, de l'UNIR et de ses organes affiliés, inclut également l'UNST.

Nous jugeons cette décision non seulement arbitraire mais illégale, et nous portons plainte auprès du BIT qui, après avoir pris connaissance de l'argumentation de nos deux partis, juge l'affaire en fonction des documents suivants signalés en annexe :

– la convention n°87 relative à la liberté syndicale et à la protection du droit syndical, 1948 ;

– la convention n°98 sur le droit d'organisation et de négociation collective, 1949 ;

– la loi n°7/66 portant sur le code du travail et de la prévoyance ;

– la loi n°017/PR/2001 portant sur le statut général de la fonction publique.[1]

Les conclusions du Comité de la liberté syndicale de l'OIT sont sans appel : elles donnent entièrement raison à l'UST.[2]

Menaces et intimidations ne cessent pas pour autant, mais sans que faiblisse notre détermination à défendre nos droits. Le gouvernement finit par nous proposer un compromis : changer la dénomination de notre organisation syndicale et, en contrepartie, il renoncera à la dissolution.

Nous ne pouvons souscrire à une telle proposition sans l'aval de notre base. C'est pourquoi nous organisons le 23 juin 1991 un Congrès extraordinaire qui donne son accord pour que le nom de l'UNST soit légèrement modifié, devenant désormais l'UST, Union des syndicats du Tchad.

Le problème de sa légalité étant ainsi résolue, la lutte syndicale se déplace du terrain de la reconnaissance légale à celui des revendications salariales.

Il faut se rappeler que dans les années 90 tous les États de l'Afrique francophone sont soumis aux fameux programmes d'ajustement structurel (PAS) : des réformes économiques imposées par le Fonds monétaire international (FMI) et la Banque mondiale, dont l'objectif est d'aider

1. Cf. annexe 13.

2. Document en annexe.

nos pays touchés par de graves crises économiques. Mais, en réalité, ces programmes d'austérité remettent en cause les acquis sociaux des populations, allant jusqu'à exiger des abattements sur des salaires déjà très bas.

Pour l'UST, c'est une politique inacceptable. De nombreuses grèves sont déclenchées et massivement suivies. Le gouvernement, plutôt que de procéder à des négociations, opte pour la manière forte. Plus de mille grévistes perdent leur travail et je suis moi-même destitué de la STAR Nationale. C'est dans ce climat de répressions systématiques que nos camarades Dombal Djimbagué et Sa-Ndoudjinang, respectivement Président et Secrétaire général adjoint de l'UST, sont arbitrairement arrêtés. Je comprends que mon tour ne tardera pas.

Des menaces sans ambiguïté

Effectivement, je reçois le soir chez moi la visite du commissaire MB, accompagné de son collègue que nous appelons familièrement « le commissaire au gros nez ». Craignant à juste titre une arrestation, ma première réaction est de demander s'ils ont un mandat délivré par un juge. Ils me répondent qu'ils ne sont pas là pour m'arrêter mais qu'ils veulent simplement m'emmener chez mon ami Laoukoura qui tient à me voir de toute urgence : une explication bien étrange ! Je leur rétorque que Laoukoura étant mon adjoint, c'est à lui de venir me voir et non l'inverse ! Puis, je leur pose une question restée sans réponse : « *Quel pouvoir possède donc Laoukoura pour charger ainsi deux éminents commissaires de police tels que vous de venir à mon domicile pour me conduire chez lui ?* »

En dépit de leurs dénégations, je comprends qu'ils sont là pour m'arrêter, comme l'ont déjà été le Président de l'UST et son Secrétaire général adjoint. Toutefois, la loi interdisant toute arrestation nocturne, ils essaient de la contourner. Il s'agit donc d'une tentative d'enlèvement, évidemment hors-la-loi. Je leur suggère alors de repartir et de revenir le lendemain avec un mandat d'arrêt délivré par un juge. Loin d'accéder à ma proposition, ils se font plus agressifs. Le ton monte et la discussion prend une telle tournure qu'un attroupement se forme spontanément devant ma concession et croît d'instant en instant. Toute la rue entre en ébullition ! Voisins, badauds, gamins malmènent quelque peu les commissaires qui, débordés, regagnent leur voiture et rebroussent chemin. Dans la bousculade, le commissaire MB a perdu sa montre, ce qui provoque la fierté des enfants du quartier, leur hilarité et leurs moqueries.

Je me dois de dire qu'à l'époque gendarmes et policiers étaient des professionnels « civilisés » qui avaient reçu une véritable formation. Nous ne connaissions pas encore cette pléthore de militaires dégagés de l'armée, la plupart analphabètes, recrutés dans leurs bleds sans aucune formation préalable, dont se sont plaints tous ceux qui ont eu à subir leurs méthodes brutales, barbares, voire criminelles. Si j'avais eu affaire à ces gens-là, je n'en serais pas sorti indemne.

Cependant, après l'échec de cette visite, je crains qu'arrive chez moi une un commando intraitable. Il me paraît donc prudent de passer le reste de la nuit chez un parent du quartier. Entre-temps, grâce au professionnalisme et au dynamisme d'un journaliste, le regretté Sosthène N'Gargoune, qui était alors correspondant local de Radio France Internationale, RFI, cette tentative d'enlèvement est diffusée sans tarder.

Les auditeurs sont informés de mon absence à mon domicile et que ma famille ignore où je me trouve. Le matin, aux premières heures, pressentant l'imminence du danger, sans même prendre le temps de mettre une tenue correcte, je me présente à l'ambassade de France. L'ambassadeur me reçoit aussitôt et écoute le compte rendu que je lui fais de ma soirée mouvementée. Il me prie alors de l'attendre dans une pièce voisine. Autant qu'il m'en souvienne, moins de deux heures après, les camarades Dombal et Laoukoura m'y rejoignent. Le diplomate nous donne ensuite toutes les assurances voulues sur notre sécurité. Nous le remercions et chacun d'entre nous rejoint son domicile avec soulagement.

Par la suite, nous apprenons que tous les fonctionnaires et agents de l'État révoqués pour fait de grève sont réintégrés dans leurs postes. Mais cette mesure ne vaut pas pour Khagair et moi, tous les deux employés de la STAR Nationale ; et cela, sans explication. Sommes-nous les seuls à être dans la ligne de mire du pouvoir ? Néanmoins, après notre licenciement abusif, nous avons la satisfaction de voir aboutir nos plaintes auprès des instances judiciaires. La STAR Nationale est condamnée à payer à chacun de nous les sommes de onze et treize millions de francs CFA.

Un compromis sans compromission : la participation de l'UST au gouvernement

Cependant, comme rien ne semble me faire plier, le président expérimente sur moi la méthode de « l'appât » dont il est coutumier ; une méthode qui fera souvent les preuves de son efficacité avec d'autres. En mai ou juin 1992, Joseph Yodoyman est nommé Premier ministre et il m'invite à venir le voir. Accompagné d'un autre camarade (prudence élémentaire mais très importante : ne jamais se rendre seul à l'invitation d'une autorité, mais toujours y aller en délégation), nous le rencontrons en présence du Secrétaire général de la présidence, Hassan Adoum Bakhit Haggar. Après une brève introduction, le nouveau Premier ministre nous informe qu'il est à la veille de constituer le nouveau gouvernement. Puis, il fait le bilan de la situation économique et financière particulièrement délicate du pays. Aussi, avec l'aval du Président de la République, nous propose-t-il de désigner l'un d'entre nous pour siéger au sein de notre gouvernement. Il sera notre représentant et nous pourrons constater, de visu, que ce n'est pas la gestion des affaires qui est mauvaise, mais que pour répondre aux immenses besoins de l'État, il n'y a qu'un petit gâteau à partager… Nous acceptons sans hésitations sa proposition, mais avec deux exigences restrictives : notre représentant devra obtenir le ministère de la Fonction publique et du Travail et deuxièmement le gouvernement dont notre représentant fera partie ne souscrira pas aux mesures d'abattement de salaires demandées par le FMI et la Banque Mondiale.

Ces conditions sont admises et nous convoquons une réunion du Bureau exécutif pour faire le compte rendu de notre rencontre avec le Premier ministre. Au cours des discussions, je recommande à nos camarades qu'aucun membre du Bureau exécutif de notre Centrale n'entre au gouvernement et que notre choix se porte plutôt sur un membre du Conseil syndical national. Après quelques échanges, nous désignons le futur ministre de la Fonction publique et du Travail : le camarade Nabia N'Dali, enseignant, et plusieurs fois directeur de cabinet dans différents ministères.[1]

Cependant, contrairement à ce qui nous a été promis, le nouveau gouvernement, sous la pression du FMI et de la Banque Mondiale, adopte un programme d'ajustement structurel qui impose une réduction des salaires à tous les fonctionnaires. Cette décision est prise alors que je suis en mission à l'étranger. L'UST convoque aussitôt une réunion des membres du Conseil syndical national avec les principaux responsables des syndicats nationaux pour que, après délibération, la Centrale prenne position sur cette question majeure. D'après ce qui m'en est dit à mon retour, les avis sont partagés, les uns souhaitant notre maintien au gouvernement, tandis que d'autres exigent la démission de notre représentant. Pour les départager, on organise un vote. Une majorité se prononce pour le départ de notre représentant. Mais le principal intéressé, Nabia N'Dali, ayant lui-même voté pour son maintien au gouvernement, refuse de démissionner.

Aussitôt informé, je me rends immédiatement au domicile de notre camarade ministre et je lui demande, séance tenante, d'écrire sa lettre de démission du gouvernement. La lettre faite, j'embarque Nabia N'Dali dans ma voiture et nous prenons à vive allure la direction du bureau du Premier ministre où, malgré l'heure tardive, nous trouvons Joseph Yodoyman.

1. Document en annexe.

Je lui rappelle alors l'engagement qu'il avait pris de ne pas accepter le Programme d'ajustement structurel (PAS) incluant l'abattement des salaires. C'était l'une de nos conditions pour que notre représentant entre dans son gouvernement. Puisqu'il n'a pas respecté sa parole, nous avons le regret de venir ce soir lui déposer la lettre de démission de notre camarade, ministre de la Fonction publique et du Travail. Après cela, sans commentaires particuliers du Premier ministre, nous regagnons nos domiciles. Depuis qu'Idriss Déby est au pouvoir, c'est la première fois qu'un ministre ose démissionner de son gouvernement. Habituellement, c'est lui qui les démet de leur fonction. Il ne nous pardonnera jamais cet affront, identifié par lui à un crime de lèse-majesté.

Notre camarade Nabia nous a très vite absous de la pression que nous avons exercée sur lui pour qu'il accepte de démissionner. Un an plus tard, il recevra une maigre consolation en faisant partie des six camarades de l'UST élus membres du Conseil national de transition (CST*)* par la Conférence nationale souveraine (CNS) de 1993.

La Conférence Nationale Souveraine

La question d'une Conférence nationale souveraine nous avait préoccupés bien avant qu'elle soit décidée. Il faut dire que l'exemple nous était venu de nos camarades du Bénin, du Mali et du Niger qui avaient déjà eu la leur, dans l'objectif d'installer de véritables démocraties dans leurs pays. Ainsi, lors de notre Congrès extraordinaire de juin 1991, avions-nous déjà adressé une recommandation au gouvernement pour réclamer son organisation. Par la même occasion, nous avions demandé au gouvernement de reconnaître les partis politiques de l'opposition ; ce qui sera fait en 1992.

Lors d'un séjour à Bruxelles, en juin 1991, j'informe le compatriote Jean Oulatar, qui travaille à la Confédération internationale des syndicats libres en Belgique, que la société civile désire proposer sa candidature à la présidence de la Conférence nationale souveraine. Mais il me conseille sagement de contacter plutôt Adoum Maurice El Bongo, plus expérimenté que lui ; ce que je fais. Après discussions, Adoum Maurice El Bongo accepte notre proposition.

Comme nous travaillons de concert avec les partis politiques de l'opposition, entre-temps reconnus, nous leur faisons part de notre démarche. À notre surprise, ils la désapprouvent, objectant que la présidence de la CNS doit revenir à l'un des leurs. Ils s'opposent si fermement à notre proposition qu'ils appellent un médecin à la rescousse pour démontrer qu'Adoum Maurice El Bongo qui vient d'être opéré du cœur sera incapable de conduire à leurs termes les travaux de la CNS.

Malgré la contre-indication alléguée, nous maintenons notre position et les partis politiques de même, si bien qu'au moment du dépôt des candidatures, chaque groupe présente son candidat. Il s'en faut de peu que le nôtre, Adoum Maurice El Bongo, qui subit de nombreuses pressions, ne se désiste. Mais, lorsqu'il m'informe de son intention d'abandonner la partie, je fais appel à toutes mes capacités de persuasion pour qu'il ne cède pas à ces pressions dont certaines viennent même de ses propres parents. Finalement, il accepte de se présenter et il est brillamment élu président du présidium de la CNS.

Des pressions du même genre et des trafics d'influence apparaissent également lors de l'élection du premier vice-président du présidium. Quant à nous, notre choix s'est porté sur Youssouf Saleh Abbas. Mais, juste après le dépôt des candidatures à ce poste, la délégation du MPS demande une suspension de séance. À la sortie de la salle, j'approche Youssouf Saleh Abbas et je lui fais part de mes craintes, à savoir l'intervention du MPS pour qu'il se retire en faveur de leur candidat. J'insiste pour qu'il résiste à tout chantage ou marchandage en lui répétant que cette Conférence est organisée avec l'objectif de jeter les bases de la démocratie dans notre pays et qu'il n'est donc pas acceptable de cautionner des manœuvres visant à dénaturer le processus démocratique en cours. Je parviens à le convaincre quand, comme il fallait s'y attendre, les délégués du MPS profitent de la suspension de séance pour demander à l'ancien président Goukouni Weddeye d'intervenir auprès de Youssouf Saleh Abbas afin qu'il se désiste en faveur du candidat MPS. Ils avancent que c'est leur parti qui dirige le pays, que la situation reste encore fragile, et que c'est au MPS de poursuivre le travail. Et puisque leur candidat a raté la présidence du présidium, ils estiment que le poste de vice-président au moins doit revenir au MPS.

Le président Goukouni transmet la requête du MPS à notre candidat. Youssouf Saleh Abbas lui fait alors part de notre conversation. Après l'avoir écouté, Goukouni lui aurait dit qu'ayant déjà le soutien de la société civile, comme je l'en avais préalablement assuré, il devrait maintenir sa candidature plutôt que se désister en faveur du candidat MPS. En dépit des pressions du MPS, Youssouf Saleh Abbas maintient donc courageusement sa candidature au poste de premier vice-président du présidium et gagne l'élection.

Je dois dire que je connais bien le président Goukouni Weddeye car, à deux reprises, pendant mes missions syndicales à Alger où il vivait en exil, je lui ai rendu des visites de courtoisie.

Quant au poste de 2e vice-président pour lequel je me porte candidat, les choses se compliquent. Curieusement, les partis politiques de l'opposition se rallient au MPS, estimant que la société civile fait tout pour rafler tous les postes du Bureau de la conférence. C'est alors qu'intervient une autre suspension de séance durant laquelle se tient une réunion placée sous la présidence de Maldom Bada Abbas. Outre le MPS et ses alliés, y participent les partis politiques de l'opposition et, par ailleurs, les représentants de l'UST. Cette réunion n'a qu'un but : face au candidat MPS, faire pression sur l'UST pour qu'elle renonce à présenter le sien. Pour nous, il n'en est pas question et, malgré le bras de fer qui s'engage, nous ne cédons pas ! Aux arguments de la partie adverse, nous opposons le respect dû au processus démocratique : chaque organisation a le droit et la totale liberté de présenter son candidat. A la plénière de trancher par un vote.

Pour comprendre un peu mieux les choses, revenons aux travaux de la Commission tripartite présidée par M. Djimasta Koibla à qui a été confiée l'organisation de la CNS. Au départ, celle-ci voulait ne nous accorder qu'une place, puis trois ! Pour protester contre un tel procédé qui ne tenait aucun compte de l'importance de notre syndicat et de ses affiliés, nous avions claqué la porte en nous réservant le droit de porter la question pendant la plénière. Finalement, la commission tripartite a accepté de tenir compte du nombre de nos syndicats affiliés, au total 28. Mais pour annuler l'incidence de ce nombre en cas de vote, le MPS a exigé, hors de tout critère objectif, qu'on attribue également l'équivalent à la CLTT (Confédération libre des travailleurs du Tchad), syndicat favorable au gouvernement.

Nous gardons dans ce contexte une forte détermination et, alors que la réunion se termine sans qu'une décision ait été prise, nous postulons pour la 2e vice-présidence du présidium. Quand la plénière reprend ses travaux et procède au vote, je l'emporte largement, sans contestation possible !

Cette victoire, succédant aux deux autres, permet à la société civile d'obtenir les trois premiers postes du Bureau du présidium. C'est une situation humiliante pour les militants zélés du MPS. Loin de l'accepter, le MPS demande une troisième suspension de séance afin de négocier le poste suivant, celui de rapporteur général. Dans un esprit de conciliation, et pour éviter un climat de crise préjudiciable à la poursuite de la CNS, nous acceptons de ne pas présenter de candidat contre celui du MPS. Toutefois, nous y mettons une condition : nous devons connaître le nom de ce candidat. En apprenant qu'il s'agit de monsieur Mahamat Saleh Tibeck, nous changeons de tactique ! Ce candidat du MPS est une personnalité hautaine, peu disposée au dialogue et qui affiche une arrogance insupportable. Nous présenterons donc notre candidat ! Face à notre intransigeance, le MPS recule et propose alors Ahmed Soungui, un homme simple, affable, très ouvert au dialogue et au compromis. C'est de cette manière que le MPS obtient le poste de Rapporteur général. Une fois que sont élus tous les membres du Bureau du présidium, les travaux de la CNS sont conduits de main de maître et avec beaucoup d'humour par le président Adoum Maurice El Bongo, au grand dam de ses détracteurs. À la fin de la conférence, sa popularité est telle qu'il prête l'oreille aux conseils de quelques parents et/ou amis qui lui suggèrent de briguer le poste de Premier ministre au gouvernement de la transition. Mais la coalition du MPS, alliée à quelques autres partis politiques, stoppe net son ambition, et ce sera finalement le Dr Fidel Moungar qui l'emportera.

La conférence se termine par l'adoption de la Charte nationale de transition qui remplace la Constitution, par celle du Cahier des charges de la transition, et l'élection des membres du Conseil supérieur de transition.

Le Conseil Supérieur de la Transition : le rôle des représentants de l'UST

Les votes pour élire les représentants du Conseil supérieur de la transition (CST), qui tient lieu d'Assemblée élue, se déroulent sans incident. Mais, en tant que société civile, nous déplorons leur boycott par nos amis des associations des Droits de l'homme qui entendent ainsi protester contre la candidature des autres associations créées par le MPS pour peser en sa faveur sur les votes. Cette défection nous fait perdre quelques sièges. Néanmoins nous en avons un nombre suffisamment conséquent, auquel s'ajoutent les soutiens de quelques autres associations de la société civile, pour jouer un rôle important, tant dans les débats que dans l'adoption des lois. Nous sommes six de l'UST à être élus au CST. Très assidus, nous ne manquons jamais une session et participons activement à toutes les décisions. Notre influence se montre déterminante lors de la relecture des amendements de la loi n°7/66 portant sur le Code du travail et la prévoyance sociale. Je me souviens en particulier de l'obstacle sérieux constitué par l'une des dispositions de l'article 36 stipulant que « toute action politique est interdite aux syndicats ». Il nous a fallu batailler rudement pour parvenir à convaincre la majorité des membres du CST de supprimer cette disposition. Somme toute, la manière dont nous avons rempli notre mandat au CST nous paraît satisfaisante.

Dans ce programme, nous avons réussi à faire inclure nos revendications les plus importantes, à savoir :

– la réintégration et/ou la réhabilitation des travailleurs et des travailleuses licenciés pour faits de grève ;

– la révision du Code de travail ;

– l'annulation des mesures relatives à l'abattement des salaires ;

– la levée du gel des effets financiers des avancements ;

– l'adoption et la promulgation des statuts particuliers de certains corps de métiers tels que l'enseignement, la santé et les affaires sociales, les greffiers, etc.

Des problèmes

Notre petite équipe de l'UST a donc conscience de faire un bon travail qui donne satisfaction à tous. Mais nous devons pourtant faire face à deux situations qui posent problème.

La première concerne notre camarade et collègue Doudet Ossoga. Aux yeux du pouvoir MPS, il a eu le tort de refuser une décoration que voulait lui remettre le président Idriss Déby. Dans la lettre de refus qu'il lui a adressée, il explique qu'il ne peut accepter de recevoir une décoration d'un président dont les mains sont tachées de sang.

Ce refus et cette lettre irritent à ce point le président qu'il veut initier une motion pour que soit levée l'immunité parlementaire de notre collègue. Mais un sondage fait apparaître qu'en cas de vote il n'aura pas la majorité nécessaire pour que la motion passe. Le MPS doit donc y renoncer, à contrecœur. Mais le président n'attend qu'une occasion pour se venger de notre camarade, ô combien téméraire, qui a eu l'audace de le défier ouvertement !

Les représailles viendront plus tard lorsque, en possession d'une licence de droit, Doudet Ossoga rencontrera maintes difficultés avant d'être admis à l'École nationale d'administration et de la magistrature (ENAM). À la fin de sa formation il devient cependant magistrat, mais il doit effectuer un vrai parcours du combattant avant d'être affecté à Moundou. Il n'apprécie guère cette affectation car il a toujours vécu à Ndjaména où il possède une maison, mais il est bien obligé de rejoindre son poste. Après trois mois d'exercice, il est déplacé à Abéché pour y être adjoint du procureur de la République. Cette fois il proteste parce qu'on l'envoie seconder un protégé du pouvoir qui n'a aucune formation de magistrat ! Cependant, après moult conseils de quelques sages et amis, il rejoint contre son gré son nouveau poste d'affectation. Mais là, les autorités refusent de l'installer dans ses fonctions et lancent contre lui une procédure de révocation. Il sera effectivement révoqué et, jusqu'à ce jour, il est au chômage. Décidément, plus qu'ailleurs, sous le régime Déby la vengeance est un plat qui se mange froid…

L'autre problème vient de notre échec à contrecarrer la motion de censure initiée par le MPS contre le gouvernement de Fidel Moungar, le Premier ministre élu par la Conférence nationale souveraine. Ce fut le meilleur Premier ministre que nous ayons eu, le seul capable de résister au président Idriss Déby et d'appliquer intégralement le Cahier des charges de la CNS. C'est la raison pour laquelle le Président de la République a voulu son départ en initiant contre lui une motion de censure.

Dès que l'on prend connaissance de cette possible motion de censure, nous comptons nos partisans, au total seize. C'est plus qu'il n'en faut puisque onze voix suffisent pour la bloquer. Mis au courant, le MPS monte un plan dont il confie l'exécution à notre collègue syndicaliste Ahmat Hassan, lequel avait été récemment nommé ministre de la Justice avant d'être remercié. La manœuvre consiste à demander aux partisans du « non » d'inscrire leurs noms sur une liste. Nos camarades, soit par manque de vigilance soit par excès de confiance en Ahmat Hassan, acceptent naïvement cette proposition qui ne se justifie nullement puisque le vote doit se dérouler à bulletins secrets.

Dès que les membres du MPS prennent connaissance de cette liste, ils invitent les camarades qui y figurent à partager avec eux un excellent dîner dans un restaurant de la place. Seul, le camarade Doudet Ossoga, à qui j'ai remis ma procuration avant l'un de mes déplacements, refuse cette invitation. Toujours est-il qu'à la suite de ce fameux dîner, le nombre des partisans du « non » descend à dix, ce qui permet l'adoption de la motion de censure et la chute du gouvernement de Fidel Moungar.

Intimidation ou corruption ? Les conséquences en seront graves puisqu'après la chute du gouvernement de Fidel Moungar le président Idriss Déby se donnera la liberté non seulement de ne plus respecter l'application intégrale du Cahier des charges de la CNS mais de prendre dans ses mains la totalité des pouvoirs. Désormais, il n'agira qu'à sa guise, sans aucun frein.

Si l'on excepte ces deux problèmes, notre mission au CST peut être considérée dans l'ensemble comme convenablement accomplie. Après la fin de mon mandat au CST, je n'ai plus eu de fonctions politiques. Mais le 7 juillet 2008 je suis parti au Soudan rejoindre les rangs de l'opposition armée du Darfour. Je croyais fermement que c'était l'unique moyen de mettre fin à la dictature qui s'était installée dans mon pays après celle de Hissein Habré.

IV

UN POUVOIR AUTOCRATIQUE ET RÉPRESSIF
UN SYNDICALISME DE COMBAT

On a compris qu'en dépit de ses belles promesses de départ et de tous ses beaux discours, Idriss Déby n'a jamais eu la moindre velléité de mettre en place une réelle démocratie dans le pays. Bien au contraire, il instaurera au cours des années un pouvoir de plus en plus autocratique et répressif. Notre combat syndical s'inscrit dans ce contexte politique.

Le Pacte social. Confrontation avec le FMI et la Banque Mondiale

Nous devons constamment lutter pour que soient appliquées certaines des dispositions qui nous concernent dans le Cahier des charges résultant de la Conférence nationale souveraine. Donc, nous entamons avec le gouvernement des négociations qui aboutiront le 1er juillet 1994. Nous négocions la signature d'un Pacte social, dont l'article 6 instaure une trêve sociale pour la durée de la transition. Ce Pacte social fait obligation au gouvernement d'honorer toutes les revendications des organisations syndicales qui y sont listées [1]. Cependant, certains engagements du gouvernement déplaisent fortement au FMI et à la Banque Mondiale, les organismes de Brettons Wood, notamment ceux du point 6 qui : premièrement annulent toutes les mesures d'abattement des traitements et rémunérations et deuxièmement lèvent le gel des effets financiers des avancements, rétablit les allocations familiales et prénatales et relève de 10 % les traitements et rémunérations des agents de l'État à compter de juillet 1994.

Pour le Fonds Monétaire International et la Banque Mondiale, cet engagement du gouvernement avec les organisations syndicales constitue une violation des accords d'ajustement structurel signés. C'est la raison pour laquelle quand, en octobre 1995, le gouvernement envoie à Washington une délégation en vue de négocier un nouveau programme d'ajustement structurel renforcé, ces organismes de Brettons Wood exigent, avant l'ouverture des séances, la présence des représentants des organisations syndicales aux négociations. Les autorités tchadiennes sont alors contraintes de nous dépêcher au plus vite, Brahim Bakas et moi, à Washington.

Mais, après la première séance, de retour à notre hôtel, une violente altercation a lieu entre le ministre des Finances de l'époque, Mahamat Ahmat Alhabo et moi-même. Le Ministre s'adresse à moi comme à un enfant, me reprochant violemment d'avoir dénoncé la mauvaise gestion du gouvernement et cité des exemples concrets. Pour le ministre des Finances, cela est inadmissible ! Ce que je peux me permettre au pays est inacceptable à Washington devant les responsables du FMI et de la Banque Mondiale.

1. Document en annexe.

Je réponds que je suis précisément là, à Washington, pour exprimer le point de vue de mon organisation syndicale, l'UST, et non pour faire plaisir au gouvernement tchadien. Il n'a donc pas à me dicter ma conduite, ni à décider ce que je dois dire ou ne pas dire.

La discussion s'envenime au point qu'on risque d'en venir aux mains ! Heureusement, la sage intervention de madame Mariam Mahamat Nouri, ministre du Développement économique et de la Coopération, apaise les esprits et ramène le calme.

Aujourd'hui, j'ai ma petite revanche : je constate avec satisfaction que Mahamat Ahmat Alhabo, qui milite maintenant dans l'opposition, tient tête au gouvernement avec les mêmes termes que ceux que nous utilisions à l'époque dans notre critique du pouvoir.

Revendication pour une juste exploitation du pétrole de Doba

Outre cette mission importante auprès des institutions de Brettons Wood, en cette année 2000 nous sommes impliqués dans un autre combat : le projet pétrole de Doba. Mais nous n'y sommes pas seuls, toute la société civile est mobilisée. Une forte délégation est constituée, comprenant des syndicalistes, des dirigeants d'associations de défense des Droits de l'homme, des religieux, parmi lesquels le président du Conseil national islamique etc. Nous sommes tous persuadés que les revenus de l'exploitation du pétrole reviendront au président Idriss Déby Itno, à sa famille, à son clan et à leurs courtisans, et qu'ils ne profiteront ni à la population tchadienne, ni au pays dans son ensemble.

Nous participons donc activement à toutes les négociations que mène le gouvernement avec les institutions de Brettons Wood et les sociétés pétrolières.

Nous nous opposons fermement à la signature d'accords qui favoriseraient le gouvernement aux dépens des populations et nous finissons par obtenir des uns et des autres les garanties que tel ne sera pas le cas, que les engagments pris seront tenus. Nous donnons alors notre approbation à ces accords où sont inscrites des clauses de sauvegarde. Sont entre autres prévues la création d'un fonds réservé aux générations futures qui sera placé sur un compte bancaire hors du Tchad, et la mise en place d'un comité mixte de contrôle et de surveillance des revenus pétroliers.

Un pouvoir pervers

Nous avions naïvement cru que ces clauses seraient respectées, mais, en dépit de toutes les garanties et précautions prises, la suite des événements a confirmé combien nos craintes initiales étaient justifiées ! Les fonds réservés aux générations futures ont rapidement été rapatriés et détournés de leur destination, tandis que le Comité de contrôle et de surveillance des revenus pétroliers s'est vu réduit à un rôle de figurant, sans aucun pouvoir réel.

Nous avons été bernés par un régime qui associe la perversité à une gestion désastreuse, ou plus exactement à une gestion mafieuse : le transfert des revenus nationaux dans les comptes personnels. Tous les engagements pris par ce gouvernement sont reniés ! C'est ainsi qu'il ne respectera pas les clauses du Pacte social de 1994 et pas davantage les différents Accords, comme celui de 2002 signé ultérieurement.

Citons, à titre d'exemple, les élections présidentielles de 2001 et ce qui s'en est suivi pour moi-même et quelques autres.

Les élections présidentielles de 2001 : des résultats truqués

Pour surveiller leur bon déroulement, la société civile, notamment les associations de défense des Droits de l'homme et l'Union des syndicats du Tchad ont, dès leur annonce, sélectionné et formé plusieurs observateurs qui seront déployés dans la plupart des bureaux de vote de toutes les régions du territoire national et dans certains consulats à l'étranger. Nous espérions alors que les résultats de cette élection seraient conformes aux rapports que nous recevrions des bureaux de vote. Les bulletins comptés au sortir des urnes montrent sans ambigüité que le président sortant, Idriss Déby Itno, n'est pas réélu ; mais, au bout de plusieurs jours, et après de sombres manipulations, la Commission électorale nationale indépendante (CENI), proclame la réélection d'Idriss Déby !

Des menaces qui se précisent

C'est un absolu déni de démocratie que nous dénonçons dans notre rapport final. En tant que coordinateur de cette opération, je suis interpellé et arrêté en même temps que les principaux dirigeants politiques de l'opposition. Est aussi arrêté le camarade Boukinébé Garga, pour la seule raison qu'il est le président de l'UST. Dans un premier temps nous sommes conduits à la direction des Renseignements généraux. Par la suite, N'Garlejy Yorongar est emmené au commissariat de Farcha et moi au commissariat central. Quel n'est pas mon effarement quand, quelques heures plus tard, je vois une quinzaine de militaires sortir d'un véhicule et étaler des tapis dans la cour pour s'y installer confortablement, comme si leur présence devait se prolonger.

Quand l'un de mes enfants vient m'apporter mon Coran et d'autres documents de zikir [1], c'est-à-dire de prières, ces militaires les lui arrachent, me font sortir de la cellule, m'interrogent sur ce que je compte en faire et me confisquent le tout. Je commence à comprendre que ces gens en treillis n'attendent que la tombée de la nuit pour m'enlever, m'emmener dans un coin tranquille et m'exécuter. Je me mets alors à égrener mon chapelet et à faire des *du'a* (incantations). Cela sert-il ? Qui le sait ? Mais j'y crois ! De partout, du Tchad comme de l'étranger, s'élèvent des protestations qui demandent notre libération. Sous la pression, le président Idriss Déby Itno consent enfin à libérer les chefs des partis politiques détenus dans les locaux des Renseignements généraux. Mais ces responsables, y compris le président de l'UST, refusent de quitter les lieux tant que Yorongar et moi restons détenus. Face à cette détermination, vers minuit, le pouvoir nous fait tous conduire au palais de justice où un magistrat, probablement un procureur, prend nos déclarations. Après les interrogatoires, nous sommes tous reconduits chez nous. Nous l'avons échappé belle !

1. Dans la religion musulmane, le *zikr* est un ensemble de prières que l'on égrene. Cela peut être comparé au chapelet des Catholiques ou au japa mala de la tradition hindoue.

Fuir, rester ?

Le lendemain de cette alerte, je pars à Harare au Zimbabwe pour participer à une conférence. Mais les événements de la veille restent dans mon esprit. Je crains que les agressions du pouvoir ne fassent que commencer et je pense que le moment est venu de m'exiler. De Harare, je prends donc un vol pour Lomé au Togo où les Centrales syndicales togolaises m'accueillent avec générosité. Ce n'est qu'une escale. Dans quel autre pays puis-je vivre ? La question me taraude. En France, peut-être ? Après mûres réflexions, je prends enfin une décision : je vais revenir au Tchad, mon pays, avec dans l'esprit cette pensée : « advienne que pourra ! »

Je diffère pourtant mon retour. Je suis l'un des animateurs du projet Afrique-francophone-Canada ; un projet de formation et de perfectionnement des dirigeants syndicaux dont La République Démocratique du Congo (RDC) et le Congo Brazzaville ont été jusqu'à présent les principaux bénéficiaires. Je demande donc à la coordinatrice du projet, la Canadienne Denise Gagnon, de m'envoyer un billet d'avion Lomé-Brazzaville-Ndjaména ; ce qu'elle fait immédiatement. L'étape Brazzaville-Kinshasa se fera en bateau.

C'est ainsi que nous nous retrouvons, Denise Gagnon, la coordinatrice du projet, et les deux animateurs, Yaya Mallé et moi-même, à Brazzaville où nous animons pendant une semaine un séminaire de formation des dirigeants syndicaux. Nous quittons ensuite Brazzaville et traversons le fleuve Congo pour Kinshasa où est prévu un séminaire semblable. Après ces deux missions, je rejoins Ndjaména pour reprendre mes activités syndicales.

Ce projet canadien de formation des dirigeants syndicaux de l'Afrique francophone a commencé il y a quelques années. L'équipe des trois syndicalistes que nous sommes a mené des sessions de formation au Niger, au Sénégal, au Bénin, en République centrafricaine, au Cameroun, au Togo et, bien sûr, au Tchad. Je saisis ici l'occasion d'exprimer notre profonde gratitude au Congrès du travail du Canada (CTC), à la Fédération des travailleurs et des travailleuses du Québec (FTQ). Je les remercie tous, sans oublier Denise Gagnon, notre dynamique et infatigable animatrice.

Grèves générales.
Le Protocole d'accord de novembre 2002

Je reviens donc au Tchad après une absence de trois mois. Notre Centrale syndicale est à ce moment-là mobilisée pour aider les fonctionnaires qui, étant donné l'irrégularité des paiements de salaires, se retrouvent pour beaucoup dans la misère, d'autant que les prix sont en constante augmentation. Pour exiger de l'État qu'il mette plus de rigueur dans la gestion des finances et qu'il assume ses obligations vis-à-vis de ses employés, nous organisons des grèves générales. Toutes les activités des services publics sont paralysées. Ces grèves ne prennent fin que le 23 novembre 2002 avec la signature entre le gouvernement et l'UST du Protocole d'accord qui compte 24 points et instaure une trêve sociale de deux ans. Ce Protocole prévoit entre autres [1] : une première augmentation générale de 5 % des salaires à compter du 1er janvier 2003, et une seconde

1. Document en annexe.

de 10 % à compter du 1er janvier 2004 ; l'apurement des arriérés de salaires et le paiement des salaires à terme échu à compter de la date de signature de l'accord.

Hélas, ce Protocole d'accord de 2002 est vite renié par le gouvernement et se multiplient violations des libertés et atteintes aux droits syndicaux ! Une fois de plus le gouvernement n'honore pas ses engagements, que ce soit ceux du Pacte social de 1994 ou ceux signés dans ce Protocole d'accord de 2002. Ce qui amène l'UST à déclencher à nouveau des grèves générales de revendication dans les secteurs publics et, parallèlement, à adresser au Bureau international du travail, BIT, des plaintes justifiées contre le gouvernement.

L'une des plus longues grèves est celle de 2007, en réponse, une fois encore, à la persistance des arriérés de salaires. Nous prenons alors la décision d'envoyer des délégations dans toutes les préfectures du pays pour connaître précisément les conditions de vie des travailleurs en province. Aux termes de ces missions d'enquête a lieu une nouvelle rencontre de négociations avec le gouvernement. Mais, selon sa pratique habituelle, le gouvernement, pour nous discréditer, a également invité les syndicats fantoches qui n'ont pas participé à la grève. Nous refusons de cautionner de telles pratiques et nous quittons la salle, laissant face à face les représentants du gouvernement et leurs syndicats liges.

Des organisations syndicales internationales solidaires

À l'évidence, le pouvoir n'apprécie pas mon engagement syndical et ma détermination. À ma grande surprise, alors que la constitution de l'Organisation internationale du travail prévoit que seul le délégué de l'organisation syndicale la plus représentative d'un pays est invité à la conférence annuelle, le gouvernement prend la responsabilité de m'empêcher de participer à celle de 2007. Je contacte aussitôt, pour les en informer, la Confédération syndicale internationale (CSI) et l'Organisation de l'unité ssyndicale africaine (OUSA) auxquelles l'UST est affiliée. Ces dernières non seulement protestent mais, au cours de leurs interventions en séance plénière, dénoncent le gouvernement tchadien pour violation grave des dispositions de la Constitution de l'OIT et déposent plainte contre lui [1].

Tentatives pour retrouver un emploi

Durant toutes ces années où je me bats pour que notre syndicat obtienne quelques avancées sociales, le président de la République s'oppose toujours à la réhabilitation de mon camarade Khagair et de moi-même, en violation avec les dispositions du Cahier des charges de la Conférence nationale souveraine de 1993, du Pacte social de 1994 et du Protocole d'accord de 2002. Je ne baisse pas les bras et je décide de lui adresser une requête faisant état des préjudices injustement subis à la suite des instructions qu'il a données à la compagnie d'assurance pour qu'elle nous licencie, à la suite de quoi je me retrouve sans possibilité de retrouver du travail. Le manque à gagner s'élève à cette époque à plus de quatre-vingts millions de francs CFA pour chacun de nous.

1. Document en annexe.

Le président, qui reconnaît sa responsabilité dans mon licenciement, charge le Secrétaire général de la présidence, Moussa Kadam, de me remettre la somme de vingt-cinq millions de francs CFA. Mais, il ne reconnaît pas être à l'origine du licenciement de mon camarade Haroun Khagair et refuse de lui donner quoi que ce soit. Par solidarité avec mon collègue, je partage la somme reçue avec lui. Une somme qui est pourtant loin de couvrir la perte de nos salaires et de compenser l'atteinte morale subie. Je profite alors d'une audience que le président nous accorde au sujet d'une grève déclenchée en raison de la non-application des revendications inscrites dans le Protocole d'accord de 2002, pour lui rappeler notre cas.

Le président m'assure qu'il a essayé de discuter de notre re-embauche avec les patrons du secteur privé, mais sans résultat ; ces derniers, dit-il, refusent d'employer des syndicalistes. Je lui objecte qu'il lui suffirait de nous nommer par décret à la direction soit de la Caisse nationale de prévoyance sociale, soit de l'Office national pour la promotion de l'emploi (ONAPE) ; une solution d'autant plus aisée que ces établissements para-publics sont financés exclusivement par les cotisations des employeurs et des travailleurs.

Il approuve cette suggestion et demande aussitôt à madame Fatimé Kimto, présente à cette audience en tant que ministre de la Fonction publique et du Travail, de classer le dossier qu'il lui avait confié et d'attendre le nom du directeur que je vais lui proposer pour finaliser le projet de l'ONAPE.

À la sortie de l'entrevue, Mahamat Saleh Annadif, alors Secrétaire général de la présidence, et qui avait assisté à notre audience, me demande qui va occuper ce poste de directeur de l'ONAPE : est-ce mon nom que je vais soumettre au président ? Je lui réponds que ce ne sera pas mon nom, mais celui de mon ami Haroun Khagair, licencié en même temps que moi. Il rit et me lance ces mots : « Vous êtes comme le silure, difficile à attraper, car il vous glisse toujours entre les mains ! »

Dès le lendemain, j'officialise ma proposition en envoyant à la présidence le courrier demandé. En octobre 2005, Haroun Khagair est effectivement nommé directeur de l'ONAPE. Mais au bout seulement de neuf mois, il est démis de son poste à la suite d'une grève déclenchée par l'UST ; grève à laquelle il n'avait pourtant pas participé.

En 2008, je rencontre Mahamat Saleh Annadif à Bruxelles et lui raconte comment mon ami Haroun Khagair a perdu son poste à l'ONAPE. Je lui explique que je connais bien les méthodes de notre président de la République, et que j'ai toujours refusé qu'il me nomme à un poste de responsabilité quel qu'il soit. La raison ? — « Vous êtes alors subordonné à ses ordres, vous devez lui obéir au doigt et à l'œil, sinon, à la moindre occasion, il vous vire d'une manière humiliante et vous perdez ainsi et votre honneur et votre dignité. »

J'ai toujours su que, non seulement Idriss Déby n'a jamais voulu m'attribuer un poste, mais que c'est bien lui qui m'a fait licencier de mon travail. Tous les chefs d'entreprise étaient au courant de son intervention et ont ensuite préféré ne pas m'employer, craignant de s'attirer des ennuis. Cependant, suite à l'intervention de feu Abdoulaye Lamana, en 2007, le président lui remet quatre millions de francs CFA qui me sont destinés. Contrairement à ce qu'il avait vraisemblablemnt pensé, ce « cadeau » n'a aucune incidence sur mes positions et ne calme aucunement mes interventions. Cet argent ne compense ni les dommages financiers, ni les blessures morales et je persiste à maintenir mes revendicaions pour que les décisions prises soient conformes aux Accords signés.

Défections, trahisons, humiliations, démission

J'ai précédemment mentionné comment quelques voix nous ont manqué lors de l'adoption de la motion de défiance contre le Premier ministre élu par la Conférence nationale souveraine (CNS). Ce n'est ni la première ni la dernière défection que nous ayons eu à déplorer. Bien après la CNS, lors d'une grève générale, alors que notre siège est occupé par les forces de l'ordre, nous sommes sept camarades réunis dans un bar du quartier Moursal pour analyser la situation. Peu après, nous sommes reçus par le Premier ministre de l'époque, le docteur Delwa Kassiré Koumakoye.

Au cours de notre entretien où semble se profiler une solution pour sortir de la crise, je lui demande de faire retirer les forces de l'ordre qui occupent la Bourse du travail et empêchent son accès aux syndicalistes. Il me répond ironiquement que nous avons tout loisir de nous réunir dans un bar comme celui où nous étions ! Là-dessus, il cite le nom du bar. À la fois étonné et désarçonné, je reconnais que les agents de renseignements du gouvrnement sont d'une rare efficacité puisqu'ils lui ont déjà indiqué le nom du bar que nous venons tout juste de quitter. Kassiré éclate alors d'un rire tonitruant : « Non, ce n'est pas nos agents qui m'ont renseigné mais l'un des vôtres ! »

Nous n'étions que sept camarades à cette réunion ! Comment dans un groupe aussi restreint peut-il y avoir un traître insoupçonnable ? À qui faire confiance ? Doit-on se méfier de tous ses amis et collègues, d'un proche, d'un parent ?

Lorsqu'on sait à quels dangers à quelles représailles sont exposés ceux ou celles qui mènent une lutte syndicale, la première précaution est de ne s'entourer que de gens de confiance. Mais comment concilier cette exigence avec le travail nécessaire avec nos élus quand on sait qu'un démagogue sans moralité, poussé par sa seule ambition personnelle, prêt à toutes les compromissions, peut gagner une élection en abusant ses concitoyens avec de belles paroles ? Au cours de ma vie de syndicaliste, j'ai inévitablement été victime de bien des coups tordus ! L'un d'eux m'a particulièrement affecté.

Cette année-là, en 2007, je reçois une lettre d'invitation pour assister à la Conférence tripartite sur le travail et les affaires sociales qui doit se tenir du 21 au 25 avril au siège de l'Union africaine à Addis Ababa en Ethiopie. Le Bureau exécutif de l'UST m'autorise à m'y rendre et, selon l'usage, en informe la ministre de la Fonction publique et du Travail, madame Fatimé Tchombi.

Peu avant cette conférence d'Addis Ababa, j'effectue une autre mission à l'étranger, et alors que je suis loin de Ndjaména, la ministre et mon propre adjoint au sein de l'UST, François Djondang, s'entendent pour rayer mon nom de la liste des participants à la conférence d'Addis Ababa. C'est François Djondang qui me remplacera sans l'autorisation préalable du bureau exécutif de l'UST. Évidemment, dès que je suis informé de la chose, je téléphone au camarade François Djondang :

— Pourquoi mon nom a-t-il été retiré de la liste de la délégation tchadienne à la conférence, alors que ma désignation a déjà été validée par notre Bureau exécutif ?

Il me répond :

— C'est sur les instructions de Madame la ministre que j'ai rempli les formulaires du gouvernement. Je n'ai pourtant pas manqué d'attirer son attention sur le fait que tu n'accepteras pas ce changement qui risque, à tes yeux, d'être perçu comme une trahison de ma part.

Non, cela ne se passera pas comme ça et je dis :

— Je maintiens fermement l'intention de me rendre à Addis-Ababa. Par conséquent, je te demande d'annuler ton voyage ou, à défaut, de partager tes frais de mission avec moi en deux parts égales.

Mon camarade accepte ma seconde proposition. Il partagera avec moi ses frais de mission.

Arrivés à Addis-Ababa, comme convenu, je lui réclame ma part de frais de mission. Décontracté, sans gêne ni honte, il me répond : « Les frais de mission ? Impossible ! J'en ai laissé la moitié à ma famille à Ndjaména pour la construction de ma villa. »

Puis il tourne les talons.

Je me retrouve donc complètement démuni, ce dont je suis obligé d'informer la délégation tchadienne et le représentant du BIT en Éthiopie. Une action de solidarité en ma faveur se met spontanément en place et chacun participe à la quête selon ses possibilités. Sans cette aide je ne sais comment j'aurais pu régler mes frais d'hôtel et de repas. Quant au billet d'avion que j'ai moi-même payé, inutile d'en parler !

L'honnêteté me commande de rapporter les contributions généreuses des uns et des autres : le représentant du patronat : 300 euros ; la directrice du travail : 100 euros ; la représentante de la CLTT : 100 euros ; Djondang François, UST : 100 euros ; Le représentant du BIT : 100 euros.

Soit sept cents euros au total. Comme on le voit, la ministre de la Fonction publique et du Travail, Madame Fatimé Tchombi, à l'origine de cette situation, n'a pas jugé utile de me porter secours. Connaissant sa vive animosité à mon égard, je n'en suis pas autrement surpris ! Si aujourd'hui, longtemps après, je rappelle cette affaire, ce n'est pas uniquement pour dénoncer de perfides mesquineries et des pratiques condamnables, mais pour exprimer mes sincères remerciements et ma profonde gratitude à ceux qui m'ont généreusement aidé.

Voilà donc le genre de difficultés qui résultent de l'engagement syndical, alors que je suis toujours sans emploi et que je dois faire face aux harcèlements incessants du pouvoir d'Idriss Déby.

Un exemple : j'ai été privé d'une mission que je devais effectuer, non pas à titre personnel, ou pour représenter l'UST, mais en tant que délégué de toutes les organisations des syndicats des travailleurs de l'Afrique Centrale. Je suis alors président de l'Organisation des syndicats des travailleurs de l'Afrique Centrale (OSTAC). À ce titre, je dois participer à la 10e réunion du Comité de pilotage (COPIL) du Programme des réformes institutionnelles (PRI) de la Communauté économique et monétaire de l'Afrique Centrale (CEMAC)[1].

La grève déjà évoquée paralyse alors le pays. La Ministre de la Fonction publique et du Travail m'ordonne de lever le mot d'ordre de grève avant mon départ. Je lui objecte

1. 16 mars 1994, signature à Ndjaména au Tchad du Traité instituant la Communauté Économique et Monétaire de l'Afrique Centrale (CEMAC) ; juin 1999, entrée en vigueur du traité instituant la CEMAC ; 2010, instauration de la rotation des premiers dirigeants des Institutions dont le mandat est de 5 ans non renouvelable ; octobre 2017, signature par tous les États membres de la CEMAC de la circulaire instituant la libre circulation des personnes et des biens dans l'espace CEMAC pour tous les ressortissants de la communauté. Les six États de la CEMAC : Cameroun, Centrafrique, Congo, Gabon, Guinée Équatoriale, Tchad.

que ce n'est pas à moi d'en décider mais aux organes statutaires de l'UST, aux syndicats nationaux et fédérations professionnelles affiliées. Évidemment, ma réponse ne lui convient pas. Elle attend son heure.

Le 25 février 2008, jour de mon voyage, je remplis sans problème toutes les formalités de police et des douanes et monte tranquillement dans le bus qui transporte les passagers jusqu'au pied de la passerelle d'embarquement de l'avion. Mais là, un individu en civil, jean et chemisette de coton, monte à bord du bus pour vérifier les documents de voyage. Arrivé à moi, il garde mon passeport et m'invite à le suivre. À l'aérogare, il me dit de l'attendre et disparaît définitivement de ma vue avec mon passeport de service que je ne récupérerai jamais.

Au bout d'un moment, las d'attendre, je téléphone au Directeur général de la police, Idris Dockoni Adicker, pour lui exposer mes difficultés inexpliquées à l'aéroport. Il me demande de patienter et me dit un moment après qu'il est trop tard pour que je parte : il vient d'être informé que les portes de l'avion sont déjà fermées. C'est ainsi que, retenu arbitrairement à l'aéroport, je n'ai pu effectuer ma mission.

Cette dernière humiliation m'apparaît comme un avertissement. Je comprends que ma vie est en danger et que je dois maintenant prendre une décision, essentielle pour mon avenir et pour ma famille.

En 2008, je reçois une invitation du Directeur général du Bureau international du Travail de l'OIT [1] pour assister à la session du Conseil d'administration du BIT qui doit se tenir les 18, 19 et 20 mars prochains à Genève en Suisse. Je prends l'avion le 8 mars 2008 avec mon passeport ordinaire pour passer les différents services de police et de douane. [2]

1. Copie en annexe.
2. Lettre d'invitation et ordre de mission en annexe.

Après cette session du Conseil d'administration, je séjourne pendant trois mois en France, grâce à l'hospitalité et à la prise en charge généreuse de la CGT, et du Comité catholique contre la faim et pour le développement (CCFD) qui ont encore toute ma gratitude.

Compte tenu de toutes les difficultés et intimidations que j'ai subies, je comprends que le régime de Déby ne me réserve rien de bon. Déby ne cherche qu'une opportunité pour m'éliminer : « Qui veut tuer son chien, l'accuse de rage ». C'est pourquoi, après tant d'années de luttes et d'espoirs, le 5 juillet 2008, de Paris, j'envoie à l'UST ma lettre de démission de mon poste de Secrétaire général.

En forme de bilan : réussites et échecs de nos luttes syndicales

Au moment où je quitte mes fonction et cette Centrale à laquelle j'ai donné toutes mes forces, mon temps, ma combativité, avec l'objectif constant d'améliorer le sort des travailleurs et travailleuses du Tchad, il m'apparaît utile de m'interroger aussi bien sur les causes de nos réussites que de nos échecs.

Dans les années 90, la réussite de la plupart de nos actions est essentiellement due à la cohésion et à la capacité de mobilisation de nos fédérations professionnelles et de nos syndicats nationaux. Les différents gouvernements du Tchad sous le régime Déby, tout comme certaines puissances étrangères, notamment la France, l'ont bien compris et ont essayé de déstabiliser l'UST, soit en provoquant le départ des syndicats affiliés, soit en terrorisant ou en noyautant les organes dirigeants d'autres syndicats. C'est ainsi que l'Ambassade de France, en accordant une aide d'un milliard de francs CFA au Syndicat des enseignants du Tchad (SET), est parvenu à le détacher de l'UST.

Quant au Syndicat du personnel des douanes, dont le bureau exécutif est très actif, le pouvoir de Ndjaména a tout fait pour le détruire, soit en persécutant ses membres les plus dynamiques et engagés, en particulier par des affectations arbitraires, soit en les suspendant de leurs fonctions. D'une manière générale, la logique du régime de Déby est de contrôler entièrement les Douanes et les Finances en n'y tolérant aucune grève, contrairement à d'autres secteurs où il peut, éventuellement, faire preuve d'une certaine tolérance.

Un autre domaine sensible, celui de la presse et de la communication, a vu son Syndicat du personnel de la communication, le SPC, être progressivement miné de l'intérieur. Au départ, les camarades Makaïla Yamarké et ensuite Youssouf Yambaye en avaient fait un outil de revendication efficace. Tout change quand Hassan Sylla Bakary prend le poste de Secrétaire général et devient ensuite ministre de la Communication et Porte-parole du gouvernement. Peu à peu, le SPC perd de sa vitalité et finit par disparaître au bénéfice d'un syndicat maison, sourd aux revendications et aux actions de ses adhérents. Mais, il arrive cependant que, de temps en temps, télé-Tchad et la Radio diffusion nationale tchadienne relaient les activités de la CLTT, la Confédération libre des travailleurs du Tchad.

Cependant, l'une de nos défaites, certainement la plus dommageable, a été la création manquée d'un syndicat national de la police. Quelques policiers nous avaient contactés pour que nous les aidions à créer un syndicat, conformément à la loi. Nous demandons alors à la Confédération générale du travail-force ouvrière de

France de nous envoyer un cadre de son syndicat de police, spécialisé dans l'organisation et la formation. Le camarade envoyé nous assiste pour élaborer les statuts et le règlement intérieur de notre futur syndicat de police sur la base de nos réalités et contingences locales. Tout se fait rapidement et nous pensons être dans notre bon droit quand, avec un excès de confiance, nous distribuons les documents constitutifs du futur syndicat de police dans les différents commissariats de la capitale.

Quant à moi, j'apporte en personne ces documents au Directeur général de la police en lui expliquant le bien fondé de notre projet. Sur le moment, il n'émet aucune objection et semble même approuver le projet. Le processus suit donc un cours normal et l'on commence les préparatifs de l'Assemblée générale constitutive. La campagne de sensibilisation bat son plein quand, subitement, nos camarades policiers en charge du dossier disparaissent mystérieusement. Sans les acteurs de ce projet, face au corps de la police fortement militarisé, qui en outre compte dans ses rangs quantité d'anciens militaires sans formation, toute chance d'y créer un syndicat devient nulle. Or, Dieu seul sait l'importance d'un tel syndicat pour l'amélioration des conditions de vie et de travail des policiers et, en corollaire, l'amélioration de leur image dans la population.

Un autre échec concerne les petits commerçants des marchés de Ndjaména qui nous avaient également contactés pour s'organiser en syndicat. Après l'approbation de ce projet, nous nous attelons à sa réalisation. Mais, quelques semaines plus tard, il n'en sera plus question. Des menaces ont fait reculer nos gens, qui craignent d'avoir des problèmes. Peu après, au lieu d'un syndicat, c'est une Organisation des commerçants du MPS qui est créée.

Nous devons également déplorer l'ajournement répété des élections professionnelles qui, normalement, doivent désigner les organisations syndicales les plus représentatives, comme le prévoient les conventions de l'OIT, le Code du travail et de la prévoyance sociale. Malgré les différents protocoles d'accord signés entre l'UST et les gouvernements de Déby, quels qu'ils soient [1], ces derniers ont toujours refusé d'organiser ces élections professionnelles. Cette question avait été cependant largement débattue pendant la CNS et, plus tard, en juin 2003, lors de la Conférence tripartite organisée cette année-là par le Bureau international du Travail à Bangui, en République Centrafricaine. Le gouvernement du Tchad en avait pris l'engagement, comme les autres États présents. Dès lors, des dispositions auraient dû être prises pour que soient respectées les recommandations du BIT, mais il n'en a rien été, malgré nos efforts. C'est ainsi que, avec l'accord préalable de la ministre de tutelle, ministre de la Fonction publique et du Travail, j'avais remis, à titre d'exemples, pour faciliter le travail des partenaires sociaux, les décrets ainsi que les arrêtés relatifs à l'organisation des élections professionnelles au Bénin. [2] Peine perdue ! Plutôt que d'organiser ces élections professionnelles, le gouvernement de Déby, comme les précédents, a préféré entretenir une situation confuse. Une confusion qui affaiblit la force des revendications syndicales qui, de plus, sont érodées et dissociés par un certain nombre de syndicats « potiches », fabriqués de toutes pièces par le pouvoir.

Malgré ces échecs, demeurent ce qui est le socle et qui fait la force de l'UST : les syndicats du secteur public et certaines fédérations syndicales du secteur privé.

1. Sous le régime Déby, nous avons eu affaire à plusieurs gouvernements mais les résultats ont toujours été les mêmes et les rapports entre nous et eux toujours aussi difficiles.
2. Copies en annexe.

Mais nous avons eu de véritables réussites : par exemple, à partir de 2001, l'organisation et la structuration des syndicats du secteur pétrolier qui sont devenus en très peu temps les syndicats les plus dynamiques et les plus revendicatifs. Il faut ici mentionner l'excellent travail réalisé par nos camarades chargés de l'organisation et de l'éducation, ainsi que la contribution inestimable de nos camarades français, en particulier le travail remarquable sur le terrain, à Komé, de notre camarade et ami Robert Dannus, Secrétaire général du syndicat CGT. Si Dieu le veut, notre prochain livre sera consacré aux syndicats de ce secteur.

Comme avec les syndicats, la tactique du pouvoir, « diviser pour régner », a été effective avec les partis politiques dont la profusion, plus de deux cents, a permis d'éparpiller les voix des électeurs. C'est d'autant plus regrettable que cette multitude de partis, reposant le plus souvent sur des bases ethniques, empêche des avancées réellement politiques et détruit la cohésion d'un pays déjà déchiré par des guerres de clans.

En dépit de ces échecs, imputables à l'ingérence du pouvoir dans nos syndicats indépendants, l'UST a toujours porté haut le flambeau des revendications et réussi à obtenir quelques avancées sociales grâce à ses organisations affiliées, parfois avec l'aide d'associations alliées. Mais il faut souligner que la plupart des actions syndicales, notamment les grèves, exigent des dirigeants comme des militants énormément de sacrifices et beaucoup de courage. Ceci dit, nous avons la satisfaction d'avoir su négocier et signer des accords importants, tels que le Pacte social de 1994 et les Protocoles d'accord de 2002 et de 2011 [1], avec les gouvernements, et, chaque fois, sous l'arbitrage du

1. *Ibidem.*

président de la République. Hélas, nous connaissons les suites…, malgré la caution présidentielle !

Lorsque le Tchad connaîtra une véritable démocratie, et ce n'est qu'une question de temps, seront enfin respectées les conventions de l'Organisation internationale du Travail ratifiées par Tchad, et la loi concernant le Code du travail et de la prévoyance sociale qui reconnaît à tous les travailleurs, à l'exception des militaires, le droit de s'organiser librement en syndicat. Mais d'ores et déjà, les masses salariées prennent chaque jour une conscience plus aiguë de leurs droits et de leurs prérogatives inaliénables. Les documents signalés en annexe montrent que les gouvernements successifs du régime MPS de Déby auraient pu faire l'économie de nombreuses grèves préjudiciables à l'économie du pays. De même, bien d'autres conflits sociaux auraient été évités s'ils avaient tenu compte des observations et des recommandations faites par le Bureau international du travail, suite aux différentes plaintes déposées contre eux.

En résumé, il relève des syndicats de faire reconnaître leurs droits, d'insister pour que soient appliquées les dispositions inscrites dans les conventions de l'OIT, dans le Code du travail, les Statuts de la fonction publique, les Statuts particuliers et les Conventions collectives. Ce sont là les conditions *sine qua non* de la paix sociale. J'invite donc instamment les partenaires sociaux à lire et à relire ces documents, à rester vigilants, et à ne jamais baisser la garde quant à leur stricte application.

V

LE CHOIX DE LA RÉBELLION

Les raisons de mon engagement dans la rébellion

Mes débuts dans la rébellion commencent avec la publication d'un rapport rédigé à la suite d'une mission au Soudan. Dans sa première partie, je fais le constat de l'état d'esprit des principaux dirigeants de différents groupes politico-militaires, et, dans la seconde, je formule des recommandations.

En ce qui concerne ma participation effective à la rébellion et l'idée que je m'en fais, je renvoie le lecteur à l'interview que j'ai accordée à l'époque au journal le Foreur :

*« **Le journaliste du « FOREUR** » – M. Djibrine Assali, vous jouissez d'une popularité importante au sein des travailleurs tchadiens. Qu'est-ce qui a poussé le syndicaliste que vous êtes à vous engager dans la rébellion contre le pouvoir en place au Tchad ? »*

***Djibrine Assali, Hamdallah** : – Tout d'abord, permettez-moi de vous remercier très sincèrement pour l'opportunité que vous m'offrez en m'accordant la possibilité de donner les raisons qui m'ont poussé à m'engager dans la rébellion. Comme* *vous pouvez vous en douter, elles sont fort nombreuses et je me contenterai de n'en citer que quelques-unes :*

1. l'action syndicale ne peut véritablement être efficace que si elle se déroule dans un environnement démocratique et respectueux des droits humains et syndicaux, ce qui est loin d'être le cas du Tchad. Je n'en veux pour preuve que :

– la modification de la Constitution afin de permettre à l'actuel président de se présenter aux élections autant de fois qu'il le désire, alors que, par consensus, la Conférence nationale souveraine de 1993 avait limité le nombre des mandats à deux ;

– l'impossibilité d'une alternance au pouvoir en raison d'un verrouillage systématique du mécanisme des élections, notamment par l'institution d'une Commission électorale « indépendante », totalement dominée et contrôlée par le pouvoir ;

– la soumission totale de l'armée et des services de sécurité, entièrement aux ordres de Déby et de son clan. Ils peuvent enlever, torturer et assassiner à la demande, sans pour autant être inquiétés ou poursuivis, comme le prouvent de nombreux exemples dont les plus récents sont celui du Docteur Ibni Oumar Mahamat Saleh et de nombreux autres anonymes dont les corps ont été repêchés dans le fleuve après les événements de février dernier.

2. l'opposition démocratique n'existe plus dans la mesure où ses dirigeants ont été réduits à la misère suite à leur longue absence dans leurs postes de travail, et ont souvent fini par faire allégeance au pouvoir afin de bénéficier des miettes qu'il veut bien leur accorder ;

3. Le régime est basé sur l'injustice, le népotisme, la gabegie, la corruption et le détournement des biens publics. Sinon, comment expliquer que le Tchad, qui regorge de tant de ressources de toutes sortes, soit classé dans le rapport du PNU parmi les pays les plus pauvres du monde.

4. l'admission dans les postes dits « juteux », ainsi que dans les grandes écoles, est réservée aux enfants du clan au pouvoir et, à quelques exceptions près, aux enfants de ceux qui lui sont dévoués. Autrement dit, les enfants des autres citoyens sont abandonnés à leur triste sort ;

5. la pérennité d'Idriss Déby et de son clan est revendiquée : ils déclarent qu'ils seront au pouvoir pendant au moins cinquante ans, les autres Tchadiens et leurs descendants étant en quelque sorte leurs esclaves ;

6. la liberté syndicale et les droits syndicaux sont régulièrement violés, comme le prouvent le démantèlement du Syndicat des douanes, les nombreux licenciements abusifs, et surtout l'adoption en 2007 d'une loi qui rend pratiquement inefficace le droit de grève dans les services publics.

Compte tenu de ce qui précède, se contenter de militer dans un syndicat reviendrait tout simplement à cautionner un état de fait, donc la dictature, et, partant, à contribuer aux souffrances et aux privations des travailleurs et du peuple tchadien. Quand aucun changement politique n'est possible par la voie démocratique, comme précédemment démontré, il ne reste plus que la lutte armée, autrement dit l'utilisation de la méthode qui a été celle d'Idriss Déby pour chasser du pouvoir le dictateur Hissein Habré. Malheureusement, au lieu d'apporter au peuple tchadien la liberté et la démocratie, comme il l'avait annoncé, il a fini par instaurer un régime identique à celui de Hissein Habré, sinon pire...

LF – « Nous connaissons votre attachement à la démocratie, mais comment garantir que le nouveau pouvoir issu de la rébellion sera démocratique ? »

DjAH : – Comme garanties que le pouvoir issu de la rébellion sera démocratique, je peux avancer les arguments suivants :

1. le peuple tchadien, suffisamment instruit par les huit ans de la dictature de Hissein Habré et les dix-huit autres de son discipline Idriss Déby, n'acceptera plus de se laisser prendre en otage par un nouveau régime, même s'il s'annonce comme rebelle ;

2. le rapport de force entre les différentes composantes de la rébellion ne jouera pas forcément en faveur des groupes ethniques qui ont des penchants autoritaires. Au contraire, ces derniers chercheront plutôt à se faire pardonner, suite aux exactions commises par les leurs envers les autres communautés tchadiennes ;

3. les récents régimes issus des coups d'État ou des rébellions en Afrique et ailleurs ont tous démontré qu'ils étaient plus démocratiques que ceux qui les avaient précédés ; entre autres raisons, la pression exercée sur eux par la communauté internationale ;

4. les mêmes causes produisant les mêmes effets, si le nouveau régime ne respectait pas les principes démocratiques et les droits humains et syndicaux, il risquerait de provoquer d'autres rébellions. Or, il s'agit de sortir le pays du cycle infernal de la violence avec l'instauration d'une paix et d'une sécurité définitives, conditions indispensables à un développement économique et social qui profite au peuple tchadien tout entier et non à une minorité quelconque.

En juillet 2008, je rejoins donc la résistance armée, notamment le Mouvement pour le salut national du Tchad, (MOSANAT), situé dans le Darfour soudanais. Dès mon arrivée au maquis, les camarades de ce mouvement m'en confient la présidence. De ce fait je suis également nommé vice-président de l'Union des forces pour le changement démocratique, UFCD.

Après l'unification des divers mouvements armés qui aboutit à la création de l'Union des forces de la résitances, l'UFR, je suis nommé Délégué aux finances au sein de son Bureau exécutif.

Le massacre des habitants de la zaouïa de Kouno. Des accusations portées contre moi

Mon parcours dans la rébellion, comme on le verra, ne se fait pas non plus sans obstacles ni traquenards, la plupart résultant de la rivalité entre les différents pouvoirs.

À Ndjaména, le régime de Déby, dans un communiqué sur le site officiel de la présidence de la République, rendu public le 10 juillet 2008, m'accuse de tous les maux, notamment d'être complice du marabout Ahmat Ismaël Bichara, qui veut « *propager le djihad du Tchad au Danemark* ». Cette expression est tirée d'un *madi* (cantique religieux) du cheikh Ibrahim Niass traitant du djihad qui arrivera à la fin des temps, comme il est écrit dans les écritures saintes, et ne doit donc pas être confondue avec le djihadisme moderne, synonyme de terrorisme.

Ahmat Ismaël Bichara est né en 1956 à Bangui en RCA de parents Dadjo, originaires du canton Eref, sous-préfecture de Mangalmé. Alors qu'il était tout petit, ses parents reviennent au Tchad pour s'installer à Sarh où il apprend la lecture du Coran. Il devient alors un adepte de la tariqa tidjinia sous la direction de son oncle.

En 1995, il intégre la zaouïa du cheikh Ousman Abdou de Sarh où il consacre tout son temps à la lecture du Coran et au zikir. Mais, à la suite de quelques divergences avec ce dernier sur certains principes religieux, il quitte Sarh pour ouvrir sa propre zaouïa à proximité de Kouno, entraînant avec lui quelques fidèles du cheikh Ousmane Abdou, en particiulier certains grands commerçants ouaddaïens.

Sa réputation ainsi que sa renommée s'amplifient et se répandent dans tout le pays ; de nombreux fidèles viennent le voir, soit pour se faire soigner, soit pour s'installer dans sa zaouïa qui, en très peu de temps, devient un petit village.

Le président Idriss Déby, informé de tout cela, envoie auprès de lui un officier zaghawa en espion, le nommé Yacoub Ismail. Ce dernier se fait passer pour un malade. Le cheikh Ahmat l'accueille, l'héberge et le soigne. Cet officier prend la tariqa tidjania et assiste à toutes les activités religieuses. Au bout de quelques semaines il se déclare définitivement guéri de sa maladie et décide de s'installer auprés du cheikh Ahmat. Il fait venir de Ndjaména ses deux épouses, ses enfants et déclare renoncer à collaborer avec le régime de Déby.

En 2007, lors d'un de ses déplacements à Sarh, le président Idriss Déby aurait demandé au cheikh Ahmat Ismaël Bichara de venir le rencontrer. Ce dernier, sachant que le Président allait lui demander de faire allégeance à son pouvoir, comme le font la plupart des chefs religieux, refuse de se rendre à Sarh. Il fait transmettre au Président de la République que son pouvoir est spirituel tandis que le sien n'est que temporel ; en conséquence, si le Président désire le rencontrer, c'est à lui de se déplacer et non l'inverse. Le président Idriss Déby aurait très mal accepté cette réponse que même les autorités religieuses reconnues n'avaient jamais osé lui faire…

Selon les dires du gouvernement, ce marabout aurait organisé le 29 juin 2008 une attaque de Kouno, une localité située dans le nord du Moyen-Chari, sur la route Ndjaména-Sarh, et, au cours de cette attaque, les partisans du cheikh aurait tué un gendarme, incendié une église et des cases.

En réalité, cette attaque des partisans du cheikh contre les gendarmes ou les habitants de Kouno n'a jamais eu lieu. Tout au contraire, ce sont les militaires qui ont attaqué les habitants de la zaouïa, y faisant plus cent-vingt morts, y compris des femmes et des enfants. Selon le ministre de la Communication de l'époque, Mahamat Hissène, le drapeau national de la sous-préfecture aurait été remplacé par un drapeau blanc où aurait été inscrit : « Il n'y a de Dieu que Allah, et Mohammed est son prophète ».

À propos de cette affaire de drapeau, deux remarques, en contradiction avec les dires du ministre : il n'y a jamais eu un drapeau « national » dans la zaouïa de Kouno qui est un lieu privé et non une institution publique. En revanche, il y a bien eu un drapeau blanc, symbole de pureté et de sainteté. Cette histoire de drapeau apparaît comme une pure invention du gouvernement pour tenter de justifier les crimes abominables perpétrés à Kouno. Selon mes informations, l'église et les cases incendiées l'auraient été par des gens instrumentalisés, payés par le gouvernement, dans le but de faire croire à l'opinion nationale et internationale qu'il y a bien un Boko Haram à Kouno, au sud du Tchad.

Des attaques perverses du pouvoir contre moi-même et ma famille

Outre ses accusations mensongères contre moi, le pouvoir répressif de notre pays s'en prend à ma famille qui vit toujours à Ndjaména dans notre concession. C'est ainsi qu'un matin de juillet 2009, alors que je suis en exil, hors de portée des attaques de Déby et de ses sbires, Maître Eldjimbaye Mbaihoudou Élysée, huissier de son état, se présente chez nous accompagné d'une escorte conséquente de gendarmes. Il ordonne à ma famille de quitter les lieux dans un délai d'une semaine, notre concession étant désormais, selon ses dires, considérée comme propriété de l'État. Prise de panique par la brutalité de cette expulsion, ma famille loue le jour même un véhicule pour transporter des affaires personnelles et surtout mes documents et archives à entreposer dans trois endroits différents de la ville.

Dès que j'apprends cela, je saisis rapidement les associations de défense des Droits de l'homme qui se mobilisent aussitôt pour savoir les raisons de cette curieuse et incompréhensible affaire et trouver une solution. C'est ainsi que, le lendemain, Me Eldjimbaye Mbaihoudou Élysée se présente à nouveau à notre domicile, seul cette fois, pour informer ma famille qu'elle n'est plus obligée de quitter la propriété, qu'il s'agissait d'une erreur…

Bien entendu, comment croire qu'un huissier aussi expérimenté que maître Eldjimbaye Élysée puisse se tromper à ce point ? Il est plus vraisemblable qu'il a été manipulé par un commanditaire. Plus étrange, nombre de mes documents et archives ont disparu de la pièce où ils étaient entreposés, brûlés dans un incendie provoqué par un mégot de cigarette mal éteint. Il me reste à espérer qu'un jour je pourrai porter l'affaire en justice et qu'elle sera élucidée pour que je sache enfin à quel niveau se situent les responsabilités et que je puisse obtenir réparation des préjudices subis.

À ce jour, les multiples machinations contre ma personne peuvent se compter comme suit :

– j'ai été victime d'un licenciement abusif en 1992 dont la conséquence a été une perte de salaires de trois cent mille (300 000) francs CFA par mois, soit un peu plus de 460 euros mensuels, et cela pendant seize ans. De plus, après avoir travaillé pendant quatorze ans et demi il ne me manquait que 6 mois pour prétendre à la retraite et obtenir une pension ; ce qui ne m'a pas été accordé.

– j'ai été arrêté illégalement en 2001, à la suite de quoi était programmé mon assassinat. Alors que nous étions dans la rébellion, ceci m'a été confirmé par Timan Erdemi en présence, entre autres, de Aboud Mackaye. L'ancien Directeur de cabinet d'Idriss Déby nous a révélé qu'ils « *avaient tout tenté pour m'éliminer, mais qu'ils n'y avaient pas réussi. Ils avaient enfin compris les raisons de leur échec : mon père était un grand cheikh et moi-même je m'adonnais quotidiennement à la lecture du Coran ainsi qu'au zikir* ».

– j'ai dû annuler ma participation à la Conférence internationale du travail de 2007 ;

– j'ai été publiquement privé de mon passeport de service de façon humiliante à l'aéroport de Ndjaména, alors que je devais me rendre à une réunion de la CEMAC.

– J'ai fait l'objet d'accusations mensongères répétées. Le 26 décembre 2016, lors d'une conférence de presse, le président Déby renouvelle ses accusations contre ma personne et contre d'autres syndicalistes. Il affirme, sans preuve, que j'ai détourné l'argent des cotisations syndicales pour me construire un château. Tous ceux qui me connaissent, et ils sont légion, peuvent témoigner que mes habitations sont bien modestes, de simples maisons construites en poto-poto enduit de ciment, donc sans briques cuites ni parpaings Aucun signe extérieur de richesse, rien à voir avec un château ! Très loin de tant de villas érigées ici et là par nos responsables politiques !

Ma réaction a été publiée sur Facebook. Outre les mensonges me concernant directement, j'ai récusé point par point les allégations qu'Idriss Déby avait avancées dans cette conférence pour expliquer la crise économique et sociale qui sévit au Tchad. Et, à cette occasion, j'ai récusé une à une les accusations portées sur moi.

Des rivalités destructrices dans les mouvements armés

Quelques jours après mon arrivée à Eldjinena dans le Darfour soudanais avec quelques camarades, mon ami, le Dr Bachar Assed Mohamed Aguid, le président du Rassemblement national démocratique et populaire (RNDP), a l'amabilité d'organiser à son domicile une réception en notre honneur à laquelle sont invités les principaux dirigeants et cadres politico-miltaires présents dans la localité.

De nombreux camarades prennent la parole pour se réjouir de notre arrivée et nous souhaiter la bienvenue. Cependant, Adam Tounoussi, le chef d'état-major de l'Union des forces pour le changement et la démocratie (UFCD), curieusement précise qu'eux « luttent depuis longtemps, qu'ils ont payé un lourd tribut, qu'ils ont consenti beaucoup de sacrifices dans cette lutte et qu'ils n'accepteront jamais que des gens débarquent juste avec leur valise, comme Djibrine Assali, et prétendent s'accaparer le pouvoir ».

Cette déclaration d'hostilité à l'égard des cadres qui, comme moi, regagnent les rangs de la rébellion me surprend. Pourtant j'ai le sentiment qu'elle ne fait qu'extérioriser ce que pensent nombre de dirigeants de cette rébellion qui voient en nous des concurrents. Dans ma réponse, je fais tout pour dédramatiser les propos d'Adam Tounoussi : d'une part il ne faut pas vendre la peau de l'ours avant de l'avoir tué, autrement dit, rien n'est encore gagné, et, par ailleurs, je suis convaincu que c'est Dieu seul qui accorde ou non le pouvoir aux hommes selon son bon vouloir.

Le 5 mai 2009, l'UFR (l'Union des Forces de la Résistance) qui regroupe plusieurs mouvements rebelles, lance une offensive sur Am Timan et Am Dam, deux localités tchadiennes proches de la frontière soudanaise. C'est la bataille historique d'Am Dam qui dure trois jours. Dès le début des accrochages, nous constatons que certains responsables militaires de l'UFCD haranguent les combattants en ces termes : *« Pour qui vous battez-vous ? Pour qui allez-vous mourir ? Retirez-vous ! »* Ce qui pousse de nombreux combattants à quitter le champ de bataille. En fait, les combattants les plus acharnés viennent des rangs de l'UDFD de Mahamat Nouri, de l'UFDD/F d'Abdelawit Aboud et de mon mouvement le MOSANAT (Mouvement de salut national du Tchad).

Des rivalités destructrices pour la présidence du MOSANAT

Le problème de leadership dont souffre l'UFR est commun à tous les mouvements rebelles, et il est à l'origine de dissensions internes et parfois de scissions. À cet égard, le MOSANAT n'échappe pas à la règle : certains de nos frères, membres de la communauté Kenga, estiment que le leadership du Guéra doit revenir à l'un d'eux, pour la simple raison qu'historiquement il en a toujours été ainsi. La situation remonte à la présidence de N'Garta Tombalbaye où, à cette époque, Adoum Tchéré, un Kenga, était le chef de file de notre région. Après lui, sous la dictature de Hissein Habré, ce fut Idriss Miskine et plus tard vint Maldom Bada Abbas, actuellement suivi, d'une certaine manière, par son petit frère Mahamat Zène Bada.

Selon cette logique, alors que la plupart des responsables politiques ont décidé de me confier la présidence du nouveau mouvement MOSANAT, le frère Karim Bori s'y oppose en déclarant : « Le MOSANAT est ma propriété ! Je l'avais confié à Djibrine Assali mais, maintenant, c'est à moi de le reprendre ! ». En d'autres termes, étant un Kenga, la présidence du MOSANAT lui revient de droit et ne doit pas m'être attribuée, à moi, Djibrine Assali Hamdallah, qui n'appartiens pas à cette ethnie ! Curieux esprit clanique chez un opposant au régime de Déby, qui justement combat pour que s'instaurent justice et démocratie dans son pays ! Mais on n'en est pas à une contradiction près !

En ce qui concerne le MOSANAT, je dois rappeler que le mouvement a été créé par le camarade Haroun Zorrino qui en assurait officiellement la présidence et la coordination. Il vivait en ce moment-là à Genève en Suisse et, sur le terrain des opérations, Karim Bori s'était autoproclamé président du mouvement. Quant à moi, je n'apparais sur cette scène de l'opposition armée qu'avec l'accord à la fois du coordinateur officiel Haroun Zorrino et de Karim Bori lui-même. C'est dans ces conditions que j'ai accepté de me rendre au Soudan pour assumer cette mission : la présidence du mouvement.

Un autre facteur intervient dans la posture intransigeante de Karim Bori : c'est le fait qu'à Milite il joue le rôle de coordinateur de toutes les forces qui y sont regroupées. De là à imaginer que les combattants vont désavouer leurs directions politiques pour le reconnaître comme étant le président du mou`vement il n'y a qu'un pas qu'il franchit aisément, sans pour autant être suivi par les hommes de troupe. Malgré tout, il s'obstine dans sa position de blocage avec l'espoir que les responsables politico-militaires venus de Khartoum finiront par lui confier la présidence du nouveau mouvement qu'il a dirigé un certain temps. Mais ce qu'il ne veut pas comprendre c'est que ce choix n'est pas determiné par le seul fait d'avoir été président d'une tendance dans le passé. C'est un choix qui prend principalement en compte la formation et le parcours de celui qui doit assumer cette responsabilité ; et malheureusement Karim Bori n'a pas cette compétence, mais il s'obstine. Ceci est d'autant plus regrettable qu'il manipule contre moi sa communauté, tactique indigne d'un frère combattant dont la seule motivation devrait être la cohésion du mouvement. Lors d'une assemblée générale du MOSANAT, en mai 2010, pour mobiliser les siens contre moi, il n'hésite pas à m'accuser publiquement de nourrir de la haine contre la communauté Kenga.

C'est bien mal me connaître ! Mes amitiés ne prennent pas en compte les origines des uns ou des autres ! Dois-je rappeler que, même très jeune, j'avais des amis Kenga, à l'école de Baro par exemple, où j'ai lié avec un gamin de mon âge, Ahmat Gari, une amitié jamais démentie jusqu'à sa mort, hélas survenue pendant les affrontements entre les troupes de Haroun Godi et celles du président Hissein Habré. De même, l'un de mes meilleurs amis en classe de sixième était Gayaplé Garsigoum, de la famille de feu Adoum Tchéré.

Lorsque j'étais dans l'enseignement, que ce soit à Moussoro ou à Ndjaména, mon meilleur ami était feu Haroun Bakoumy, à tel point qu'en 1970 il m'avait demandé d'être son parrain lors de son mariage avec une jeune fille de Moussoro. Son petit frère Moussa Adoum, également un ami, peut en témoigner.

À Fort-Lamy de l'époque, j'ai encore eu comme ami feu Adoum Damtaya qui m'avait confié ses enfants, Oumar Damtaya et Abdoulaye Damtaya que j'avais inscrits à l'école de Bololo où j'enseignais, et, en 1982, j'ai épousé sa sœur, Fatimé Adoum Nangui, avec laquelle j'ai eu cinq enfants.

Lorsque je dirigeais le projet Solidarité-Sahel, financé par la Confédération internationale des syndicats libres (CISL), j'avais enbauché en qualité de chauffeur le beau-père même de Karim Bori, le sergent Khamis, un ex-miltaire.

Enfin, la cause principale de mes difficultés avec le président Idriss Déby vient du fait qu'au moment de l'arrestation de Maldom Bada Abbas où les combattants Zaghawa menaient la chasse aux Hadjeraï, j'ai accepté de cacher chez moi l'officier Kenga Adoum Raterlem. Grâce à moi, il a non seulement eu la vie sauve mais il a réussi à quitter Ndjaména pour rejoindre le groupe de Kaffine réfugié au Nigeria. Informé qu'Adoum Raterlem avait trouvé refuge chez moi, le président, dès le lendemain, a fait paraître un décret qui mettait fin à mes fonctions au Conseil provisoire de la république. C'est à la suite de la signature d'un accord politique qu'Adoum Raterlem a pu regagner le pays où il a été admis à l'École nationale d'administration et de magistrature. Devenu magistrat, il exerce ses activités jusqu'à ce jour.

N'est-ce pas là autant de faits et d'amitiés qui prouvent que je n'ai jamais éprouvé ou manifesté à aucun moment de ma vie de la haine contre la communauté Kenga, pas plus que contre aucune autre d'ailleurs. Car, plutôt que de semer la zizanie, j'ai toujours voulu être un rassembleur, pas seulement au niveau du Guéra, mais de tout le pays.

Sans tenir compte d'aucune considération ni faire une analyse préalable sérieuse, Karim Bori met sur pied un nouveau Bureau exécutif du MOSANAT dont il est le président. J'en aurais été le vice-président si j'avais accepté cet arrangement, mais je refuse. Malgré les conseils et la médiation des autres camarades, notamment l'UFDD-Fondamentale, le camarade Karim Bori persiste, ce qui a pour conséquence l'échec du processus de restructuration du mouvement de la résistance.

Des tentatives de rassemblement

De retour à Khartoum, en concertation avec mes éléments retirés entre-temps de Milite pour rejoindre d'autres groupes dans la localité de Koutoum, nous créons le MOSANAT/Renové dont je deviens le président. Malgré l'échec de Milite pour unir nos forces, nous ne renonçons pas à la réorganisation des mouvements de résistance. En octobre 2010, le MOSANAT/Renové, se concerte avec le CDR d'Albadour Ahmat Acyl, les éléments du général Tahir Guinassou et ceux d'Abakar Tolli pour créer la Concorde nationale pour la résistance et la démocratie (CNRD). Malheureusement, le projet n'a pas de suites puisque nous ne pouvons trouver un accord avec Abakar Tolli sur les modalités d'élection du président de la CNRD. Sachant qu'il n'aurait aucune chance d'être élu si nous procédions à un vote auquel participeraient tous les combattants du terrain, il élabore un étrange mécanisme électoral : le président doit être élu par six personnes choisies par les postulants à raison de trois chacun. N'étant pas présent à Koutoum lors de cette curieuse élection, j'apprends que Abakar Tolli a été élu président et que je suis son vice-président. Évidemment je n'accepte pas les résultats de cette pseudo-élection anti-démocratique car je ne vois aucune différence entre les ambitions d'Abakar Tolli, de Timan Erdemi et d'Idriss Déby Itno. Tous, d'une manière ou d'une autre, mettent en place des stratégies perverses pour garder le pouvoir, quels que soient les changements envisagés.

La création du MONASAP

Enfin, les 5 et 6 juin 2010, une assemblée générale réunit les représentants des mouvements suivants :

– l'Alliance des démocrates résistants (ADR) ;

– le Mouvement armé pour le changement (MAC) ;

– le Mouvement pour le salut national du Tchad/Renové (MOSANAT/R) ;

– l'Union des forces pour le changement et la démocratie/Renovée (UFCD/R) ,

– les Forces nouvelles (FN) ;

– l'Union nationale pour la démocratie et le changement (UNCD) ;

– le Front pour la justice et le chagement socialiste (FJCS) ;

– le Mouvement national pour le changement (MNC).

À l'issue des discussions, est créé un nouveau regroupement, dénommé MONASAP, Mouvement national pour le salut du peuple, dont je deviens le président.

Des situations de plus en plus troubles et dangereuses

Bien que nous nous soyons engagés, les uns et les autres, à ne pas regagner le pays, certains de nos camarades de la résistance saisissent pourtant la première occasion pour partir et se rallier au régime de Déby. En particulier le vice-président du mouvement, Allamine Adoudou, et le secrétaire général Moussa Tao.

Quant à moi, bien que très déçu de constater combien nos frères sont dépourvus d'idéal révolutionnaire, je refuse toujours de rentrer au pays, malgré deux missions de négociations menées par l'équipie du médiateur Abderhamane Moussa. Constatant l'inutilité de ses efforts pour me faire revenir, ce n'est plus un négociateur que Déby envoie au Darfour soudanais mais des agents de l'Agence nationale de sécurité (ANS) avec pour mission de me liquider ainsi que certains autres combattants.

Arrestation et séquestration à Khartoum

Comprenant qu'en restant en liberté à Khartoum, je cours le risque d'être assassiné par les agents du président Idriss Déby, les services de sécurité soudanais m'enlèvent le 19 août 2011 et m'enferment dans un appartement de la capitale. On m'enlève mes appareils de téléphone et le modem qui me connecte à internet. Je suis donc dans un total isolement. Ni mes hommes, ni ma famille, ni mes amis n'ont plus aucune nouvelle de moi. Et, de même, je ne sais rien d'eux. Deux agents de sécurité sont chargés de me surveiller jour et nuit, et un cuisinier s'occupe de la préparation de mes repas.

Pendant vingt et un mois, je reste enfermé dans un appartement aux portes constamment verrouillées, même quand mes gardiens se trouvent à l'intérieur. Inutile de vous dire la monotonie de ce séjour et ma solitude ! Heureusement, la lecture quotidienne du Coran, les prières et les zikirs rythment mes journées. De temps en temps je suis les informations à la télévision qui a été laissée à ma disposition.

Malgré les assurances réitérées des services de sécurité soudanais, je crains toujours d'être livré au régime de Ndjaména. Un jour, en l'absence imprévue de mes deux surveillants, j'emprunte le téléphone du cuisinier et j'appelle mon fils Hamdallah qui vit aux USA. Je l'informe de ma situation et il contacte immédiatement la famille et Radio France Internationale. Sans tarder, RFI diffuse l'information de ma détention et de mes conditions de vie.

La divulgation de mon incarcération provoque un incroyable remue-ménage au sein de la sécurité soudanaise ! Plusieurs responsables de ces services, en particulier le général Grechabi, font irruption dans mon appartement !

Le pauvre cuisinier est aussitôt congédié, peut-être arrêté. Les Soudanais sont extrêmement irrités. Ils me reprochent de leur créer des problèmes avec le président Idriss Déby auquel ils auraient déclaré que j'avais quitté leur pays et qu'ils ne savaient absolument pas où je me trouvais. Maintenant il ne me restait plus qu'à quitter le Soudan !

VI

UN EXIL SUBI

Au Burkina Faso

J'arrive donc à Ouagadougou le 16 mai 2013.

En dépit de cette longue période de détention où j'ai été privé de toute liberté, je demeure néanmoins reconnaissant aux autorités soudanaises qui ont su résister aux pressions du régime de Ndjaména en refusant de m'extrader au Tchad.

Plusieurs facteurs ont joué en faveur de ma libération. D'abord la réaction rapide de mon fils Hamdallah qui a aussitôt alerté RFI. La diffusion des raisons et des conditions de ma détention ont eu un effet multiplicateur. D'un peu partout se sont élevées de vives protestations que ce soit de la RADDHO, des Centrales syndicales sénégalaises, du blogueur tchadien Makaïla Guebla et de tant d'autres encore. Tout cela a influencé le gouvernement soudanais à un moment où toute autre décision aurait pu être possible... À tous ceux qui m'ont apporté leur aide j'exprime toute ma sincère reconnaissance. Toute ma gratitude va aussi au gouvernement et au peuple burkinabé qui ont su résister aux multiples pressions de Ndjaména et m'ont accueilli avec générosité, ma famille et moi-même.

Retouver le sens de mes luttes

Dans cette situation d'exil, coupé de mon histoire, il était important pour moi de témoigner de ce qu'à pu être et impliquer mon engagement syndical et politique dans un pays où le pouvoir actuel n'a pas d'autre objectif que sa propre perpétuation dans l'accaparement de tous les pouvoirs et de toutes les richesses. Oui, dans ce pays-là la lutte syndicale a existé, et elle a obtenu des résultats. Je les ai plusieurs fois mentionnés, mais il m'importait de leur donner toute la visibilité qu'ils méritent dans un bref récapitulatif :

– 7 octobre 1979, création de la Confédération syndicale du Tchad (CST) qui a marqué la renaissance du mouvement syndical dissous au lendemain du coup d'État militaire de 1975.

– 1981, participation de la CST au Séminaire des cadres de 1981 qui a ouvert la voie à sa reconnaissance, intervenue la même année sous le gouvernement d'Union nationale de transition, le GUNT.

Confrontée à l'hostilité de l'Administration du travail et, par ailleurs, à des querelles internes entretenues par son président Issaka Hassan, la CST a consacré tous ses efforts à se défendre et à se protéger de multiples agressions. Malgré tout, elle a su réaliser son travail d'organisation et de restructuration tout au long du régime de Hissein Habré.

– 1982, la CST a participé à la Conférence internationale du travail de juin1982 à Genève ; ce qui lui a permis de se faire connaître du mouvement syndical mondial et de nouer des contacts fructueux avec la Confédération internationale des syndicats libres de Belgique et des fédérations affiliées, françaises, américaines et canadiennes. La CST a ainsi pu obtenir des moyens techniques et financiers nécessaires à son développement.

– 1989, la CST et l'Union nationale des travailleurs du Tchad (UNATRAT) ont organisé en novembre 1989 un congrès conjoint qui a permis de mettre sur pied l'Union nationale des syndicats du Tchad (UNST).

– 1990, avec l'arrivée au pouvoir du Mouvement patriotique du salut d'Idriss Déby, l'UNST s'est résolument engagée dans une lutte de survie, certes, mais aussi de défense des intérêts des travailleurs.

– 1991, un bras de fer opposera pendant plusieurs années l'UNST, devenue UST à partir de 1991, aux gouvernements successifs du MPS. Certes, les échanges n'ont jamais été totalement interrompus entre notre Centrale et le pouvoir, mais celui-ci a tout fait pour rendre ineffectives les conclusions obtenues en notre faveur, usant pour ce faire de tous les procédés possibles :

– Mise en place d'un syndicat à sa botte, la CLTT, associé avec insistance à toutes les négociations, alors que ce syndicat potiche n'a jamais participé à aucune grève aux côté de l'UST. Une raison simple à cela : il est incapable de déclencher et de soutenir une grève à lui seul et, d'ailleurs, ne le veut pas. Ce cheval de Troie, entré dans les négociations, a permis au régime d'obtenir souvent une voix décisive qui lui était favorable.

– Une ample médiatisation des activités de la CLTT aussi bien par Télé-Tchad que par la radio nationale, alors que celles de l'UST sont souvent ignorées ou censurées.

– Un favoritisme outrancier de la CLTT : par exemple le refus d'attibuer à l'UST l'organisation de la fête du 1er mai sur la place de l'indépendance, transformée aujourd'hui en place de la Nation. C'est la CLTT qui a ce privilège alors même qu'elle est loin d'être la Centrale la plus représentative du Tchad ;

– La non-reconnaissance des recommandations de la Conférence nationale souveraine de 1993, la CNS. Les gouvernements successifs du MPS n'ont jamais respecté la totalitéde leurs engagements pris lors de la signature du Pacte social. De là des crises sociales et, en corollaire, des grèves à répétition.

Le principal responsable de ces manquements est le président Idriss Déby lui-même.

En réponse à la mauvaise foi gouvernementale, nous avons trouvé une parade. Nous avons pu faire accepter au gouvernement la clause suivante : pour toute grève déclenchée en raison du non-paiement des salaires des fonctionnaires à terme échu, de l'accumulation d'arriérés ou de toute autre carence, l'État a obligation de payer les jours de grève effectués, quelle que soit leur durée. Mais le pouvoir, une fois encore, a su faire modifier cette disposition de telle sorte qu'il ne prend à son compte que le paiement de trois journées, le paiement des autres revenant au syndicat.

Or, contrairement aux déclarations du président Idriss Déby, les organisations syndicales ne bénéficient pas d'un prélèvement de cotisations sur les salaires des fonctionnaires. C'est là un mensonge dont le seul but est de discréditer les syndicats et de les asphyxier en les privant des moyens de fonctionner.

Bref, compte tenu des nombreuses violations des droits syndicaux, nous avons été obligés, parallèlement à nos actions de grève, de déposer successivement cinq plaintes auprès du Bureau international du travail à Genève. Jamais un gouvernement du Tchad n'avait fait l'objet d'autant de plaintes durant les régimes précédents. Tant et si bien que de 1991 à 2009, chaque année, le cas du Tchad a été régulièrement évoqué lors de la Conférence internationale du travail. Mais hélas en vain…

C'est ainsi que dans cette situation inextricable et, de plus, victime d'accusations mensongères, accusé même de terrorisme, je me suis vu dans l'obligation de remettre ma démission à l'UST. J'ai alors rejoint les rangs de l'opposition armée, avec l'espoir de participer à l'avènement d'une réelle démocratie. Mais quelle n'a pas été ma désillusion en constatant que cette opposition compte dans ses rangs des opportunistes, des hypocrites, des régionalistes, des tribalistes et même de faux combattants, complices du régime. Dès lors, il était prévisible que cette lutte, qu'un moment j'ai faite mienne, soit vouée à l'échec.

Je pensais rester au Soudan mais, après 21 mois de claustration dans un appartement-prison de la capitale soudanaise pour éviter d'être tué, j'ai été obligé de m'exiler au Burkina Faso où je vis maintenant. Que ce pays soit à nouveau sincèrement remercié.

Un pays protecteur, mais…

Suis-je ici totalement à l'abri d'un attentat ? Je reçois régulièrement des appels d'agents connus de l'ANS, je suis averti de l'arrivée en territoire burkinabé d'individus chargés de me liquider. Je prends alors toutes mes dispositions et je ne réponds pas à leurs demandes de contacts.

Néanmoins, malgré de strictes mesures de précaution et ma prudence acquise, j'ai connu deux situations critiques. Une première fois, en janvier 2016, j'ai accepté de rencontrer un certain El Hadj Mahamoud Ali Mahamoud, un exilé se présentant comme un des responsables du Frolinat. Il est vrai qu'il publie régulièrement des communiqués ou des articles incendiaires contre le régime d'Idriss Déby, ce qui le fait passer pour un opposant pur et dur du régime. J'accepte son rendez-vous à une condition : que la rencontre ait lieu non pas dans son hôtel mais dans un restaurant que je connais, à Ouaga 2000.

Il me suggère de me mettre en contact avec des exilés en France et d'étudier avec eux les voies et moyens permettant de résoudre les problèmes du pays. Mais, pendant que nous déjeunons, il tombe brusquement de sa chaise. Comme il essaie de se relever et n'y parvient pas, je quitte ma place et lui tends la main. Notre discussion reprend, mais le cœur n'y est plus. Nous nous séparons sur la promesse qu'il me rappellera prochainement. J'attends en vain qu'il se manifeste, mais, quelques semaines plus tard, quelle n'est pas ma surprise d'apprendre qu'il est rentré à Ndjaména ! Plus surprenant encore, le soi-disant révolutionnaire auteur de pamphlets radicaux, voire violents, publie sur facebook un texte étonnant où, en résumé, il affirme que si Déby est président c'est qu'il a été choisi par Allah le très grand, et donc que tout est pour le mieux…

Après la lecture de ce texte délirant, je me dis que je dois encore apprendre à me méfier des apparences !

Toujours en 2016, un responsable tchadien venu de Ndjaména à Ouagadougou pour assister à un séminaire me contacte : il aimerait me rencontrer chez moi à la fin du séminaire. À l'heure et au jour fixés j'attends son appel jusqu'à 10 heures. Je tente alors de le contacter : surprise, c'est un de ses collègues, un compatriote tchadien qui me répond et m'apprend sa mort, deux heures auparavant à peine. Je suis abasourdi ! Sa dépouille est rapatriée à Ndjaména et je ne saurai jamais ce qu'il avait à me dire.

Heureusement, le Burkina Faso est un pays sécurisé en dépit des quelques attentats terroristes qui ont eu lieu ces deux dernières années. Mais, comme je suis un croyant convaincu de la puissance de Dieu, je pense que, au bout du compte, la meilleure protection est celle de Dieu, Le Tout Puissant et Miséricordieux.

La tentation d'un possible retour et ses conditions

Que dois-je faire ? Continuer à vivre en exil ou rentrer au pays ? Dans ce cas, il me suffirait de transformer le MONASAP en parti politique pour participer aux futures élections. Le moment n'est-il pas venu puisque, lors de l'adoption de la nouvelle Constitution, l'amnistie a été annoncée pour tous les opposants ?

Cette amnistie est une bonne chose, sous réserve de savoir quel sera exactement le contenu de la loi adoptée et de quelle manière elle sera appliquée.

Toutefois, la prudence s'impose. Personne ne peut faire confiance au président Idriss Déby dont nous savons tous, par expérience, qu'il n'est pas un homme de parole. En conséquence, avant de revenir au pays, il est indispensable d'avoir des garanties suffisantes, en particulier la caution et le parrainage des Nations Unies, de l'Union Européenne et de l'Union Africaine. Il est impératif que soient garanties l'organisation et la supervision d'un dialogue inclusif entre tous les acteurs tchadiens ; à cette seule condition pourrait être évitée la confiscation des résultats et advenir, enfin, une véritable réconciliation nationale. Encore faudrait-il au préalable assainir le paysage politique, associatif et syndical. Je me permets, pour ce faire, de suggérer les mesures suivantes :

Pour les partis politiques : ne retenir que ceux ayant présenté des candidats aux élections présidentielles précédentes et ayant au moins cinq représentants à l'Assemblée nationale.

Pour les associations de la société civile : ne retenir que celles ayant un nombre suffisant d'adhérents pour être crédibles, soit environ dix mille (10 000), répartis dans plusieurs régions, au moins dix.

Organisations syndicales : Tenir compte des résultats des élections professionnelles, organisées en s'inspirant de celles du Bénin, dont les textes fondateurs sont indiqués en annexe.

Organisations politico-militaires : Retenir par exemple, dix représentants des organisations actives sur le terrain ; représentants choisis démocratiquement par leurs pairs.

Les Tchadiens de la diaspora : Faire venir des délégués élus par leurs compatriotes dans leurs pays d'exil.

Les anciens chefs d'État et/ou personnalités reconnues.

Sultans, chefs de canton, chef de quartier, etc. Je pense qu'ils devraient être exclus tant que des élections (selon les cas, par les populations concernées ou éventuellement par les chefs de village) ne seront pas effectuées selon des règles démocratiques.

Organiser, sur la base de ces critères objectifs, un dialogue inclusif, chargé d'identifier tous les maux dont souffre le pays et en rechercher ensemble les dépassements.

Élaborer, comme l'avait fait en 1993 la Conférence nationale souveraine, un Cahier des charges et arrêter un calendrier pour son exécution.

Définir le cadre institutionnel et l'organisation chargés de l'exécution du Cahier des charges.

Mon seul souhait est de retrouver mon pays apaisé et enfin organisé dans une véritable démocratie qui assurerait un développement raisonnable, plus d'équité entre tous les citoyens, et à chacun des conditions de vie convenables et dignes. Ma vie de syndicaliste et tous mes combats n'ont jamais eu d'autre objectif.

VII

EN GUISE DE CONCLUSION…

Le lecteur l'aura compris, je n'ai nulle envie de conclure, mais, si les suites restent incertaines, ce qui importe pour moi aujourd'hui c'est que l'histoire de mes convictions, de mes engagements, de mes choix en tant que citoyen, syndicaliste et combattant soit dite, et clairement dite.

Je choisis donc de reproduire ici une interview dont à ce jour je ne renie rien. Réalisée avant mon départ au Soudan, en 2008, et diffusée sur le site Tchadforum, elle a pour titre : ***Djibrine Assali Hamndallah : Un leader politico-armé tchadien nous parle :***

Né en 1949 à Oumrane (Mangalmé-Guéra), le chef politico-militaire qui va nous entretenir est un combattant au vrai sens du mot. Depuis trente ans sa biographie est indissociable de la lutte syndicale.

Son activisme provoque des cauchemars chez beaucoup des responsables politiques qui se sont succédé au ministère du travail et aussi, chez les patrons des entreprises para-publiques et privées du Tchad. Sa force, son énergie, ses engagements lui confèrent, en revanche, une aura immense chez les travailleurs tchadiens.

À 60 ans, Djibrine Assali, puisque c'est de lui qu'il s'agit, est devenu l'un des plus célèbres syndicalistes au monde et un leader politico-armé qui se veut rassembleur. Épié et surveillé de très près par la police politique d'Idriss Déby, M. Djibrine Assali a rejoint le front armé en 2008 où il est avec ses hommes. M. Djibrine Assali nous fait l'honneur d'un entretien.

***Tchaforum** : Merci pour avoir accepté de nous accorder cet entretien. Mais avant de commencer, pourriez-vous dire au public qui est M. Djibrine Assali ?*

***DjAH** : – Djibrine Assali Hamdallah est né en 1949 à Oumrane (Mangalmé-Guéra), détenteur d'un diplôme de l'Institut Africain des assurances de Tunis et d'une licence en droit de l'université du Tchad, il fut successivement.*

Enseignant 1969-1975 ;

Cadre à la Société tchadienne d'assurance et de réassurance (la Star Nationale) de 1978 à 1992 ;

Député de Mangalmé et 3e vice- président de l'Assemblée nationale (1989) ;

Représentant du Guéra au Conseil provisoire de la République (CPR) de 1990 à 1991, 2e vice-président de la Conférence nationale souveraine (1993) ;

Membre du Conseil supérieur de la transition (CST), de 1993 à 1997 ;

Membre du Comité exécutif de la Confédération internationale des syndicats libres (CISL), de 1992 à 2006 ;

Président de l'Union syndicale des États sahélo-sahariens (CENSAD), de 1999 à 2008 ;

Président de l'Organisation syndicale des travailleurs des États de l'Afrique Centrale (CEMAC), de 2003 à 2008 ;

Membre suppléant du Conseil d'administration du bureau international du travail (BIT), de 2005 à 2008 ;

Et aujourd'hui, leader d'un mouvement politico-armé basé à l'Est du Tchad.

***Tchadforum** : – M. Djibrine Assali fut membre de l'UFR avant d'entrer en dissidence avec ce mouvement. Aujourd'hui il est leader d'un mouvement politico-armé.*

Peut-on savoir les raisons de votre départ de l'UFR et aussi savoir d'où venaient l'urgence et la nécessité de créer un autre mouvement armé en dehors de l'UFR pour combattre le même adversaire politique ?

***DjAH** : – S'il est vrai que la création de l'UFR en janvier 2009 a suscité beaucoup d'espérance, il faut reconnaître que, rapidement, le découragement et la désillusion ont fini par l'emporter. En effet, il a été très vite constaté que chacun des principaux dirigeants, tout en prétendant agir pour l'unité et pour la réalisation des objectifs que nous nous étions fixés, avait au contraire, son agenda secret, ses propres calculs, ses intérêts personnels et/ou communautaires à obtenir ou à défendre.*

L'UFR n'a pas un véritable programme d'action assorti d'une répartition des tâches. Il s'agit plutôt d'une navigation à vue au cours de laquelle les décisions se prennent au sein d'un groupe restreint tandis que les autres responsables ne font que de la figuration.

On peut aussi s'interroger sur ce que nous avons fait depuis plus d'un an, après notre défaite d'Am Dam. Pratiquement rien, sinon constater avec amertume et impuissance la défection ou le ralliement au régime de milliers de nos combattants. Qu'allons-nous faire et quand ? Là également, personne ne peut vous donner de réponse. En outre, comment se fait-il qu'un mouvement qui mène une lutte armée contre une dictature en vue de favoriser l'instauration des institutions démocratiques se permette de ne pas respecter ses propres textes constitutifs, et refuse par exemple d'organiser les assises de ses organes statuaires ?

Par ailleurs, non seulement les membres de ces organes ont été cooptés au lieu d'être désignés par le Conseil supérieur de la résistance (CSR) comme prévu par les statuts, mais ce CSR n'a jamais tenu une seule session alors que, statutairement, il devrait en tenir deux par an.

Quant au Bureau exécutif, sa dernière réunion date du 2 novembre 2009. Lorsqu'on ajoute à cela la défection, depuis septembre 2009, de plus deux mille combattants qui contestent le maintien de Timan Erdimi et de ses adjoints à la présidence du mouvement, l'on peut aisément constater que l'UFR n'est plus ce qu'elle est censée être.

Face à une telle situation qui ne présente aucune perspective d'action et d'espoir, sinon un ralliement sans condition à un régime dont le comportement sera, sans nul doute, encore pire qu'auparavant, c'est un devoir pour tout patriote et tout nationaliste de prendre ses distances en cherchant un autre cadre de lutte. En croisant les bras ou en nous taisant, nous aurons tous dans notre conscience des remords pour le sacrifice inutile de toutes les victimes de la résistance : morts, handicapés, orphelins, prisonniers, exilés, etc.

En définitive, je dirais que, depuis l'échec inexplicable d'Am Dam de mai 2000, il y avait péril en la demeure et, soit par peur ou par intérêt, nous avons failli à notre devoir en cautionnant ces échecs et cette dérive. Pourtant, nombreux sont les combattants qui ont, très tôt, tiré la sonnette d'alarme et qui, malgré les difficultés de toutes sortes, se sont mis en retrait et continuent, courageusement, à s'organiser sur le terrain. C'est pourquoi, je pense que tous les patriotes qui défendent réellement la cause du peuple tchadien qui a tant souffert des méfaits de ce régime, doivent rejoindre ces combattants afin de les aider à s'organiser sur des bases saines, en évitant les erreurs du passé. À mon avis, il n'y a pas d'autre voie de salut.

Tchadforum *: – M. Assali en votre qualité de chef rebelle et en tant que syndicaliste qui a consacré tant d'efforts à la défense des travailleurs, quelle analyse faites-vous de la situation politique du Tchad ?*

DjAH *: – La situation politique du Tchad est bloquée ; sinon, à mon âge, à plus de soixante ans, dont trente passés dans la vie syndicale et associative, je ne me serais pas engagé dans l'opposition armée. Malheureusement, les tenants du pouvoir qui ont instauré de fait un régime de parti unique, ne laissent pas d'autre choix aux démocrates au Tchad. Une véritable dictature règne et sévit dans notre pays, et sans pitié. Les violations des Droits de l'homme, les assassinats, dont les plus connus sont ceux de Maître Béhidi et de Ibni Oumar Mahamat Saleh, sont monnaie courante. Les associations de défense des Droits de l'homme en ont recensé quelque 25 000.*

À travers la modification de la Constitution consensuelle de 1996, dont l'objectif principal est de permettre au préseident de briguer sans limitation de durée la présidence de la République, Idriss Déby a mainmise sur tous les mécanismes et les institutions en charge de l'organisation et du contrôle des élections, sur l'utilisation de l'appareil et des moyens de l'État ; sans parler des fraudes et autres bourrages des urnes… Tout a été fait pour permettre à l'actuel président de régner à vie. Plus même, en cas de sa disparition, ce système donnera le pays en héritage à l'un de ses fils, frères, neveux ou oncles. Bref le Tchad est devenu, à défaut d'une monarchie, une dynastie ! Le pays est purement et simplement confisqué par un homme, son clan et ses courtisans qui ont réussi à mettre en place un système qui exclut toute possibilité d'alternance au pouvoir.

Vous vous en doutez, cette situation est identique sur les plans économique, financier et social : tout ce qui est source de richesses ou de revenus est entre les mains du clan ou de ses associés. Non seulement ils se sont appropriés, bien souvent sans contrepartie, les entreprises ou sociétés créées depuis le régime de Tombalbaye, mais même le sable et la terre n'ont pas échappé à leur voracité...

Plus grave encore, leur soif d'argent est insatiable. On pourrait penser que depuis 20 ans qu'ils se sont accaparés de l'État et de ses ressources, ils sont déjà rassasiés et pourraient consacrer ce qui reste au développement du pays et au bien-être économique et social des populations, eh bien non ! Face à la richesse et à l'opulence scandaleuse de ceux qui sont au pouvoir et de leurs acolytes, il y a presque 98 % de Tchadiens et Tchadiennes qui vivent dans la misère, qui ne mangent pas à leur faim, ne peuvent se loger et s'habiller correctement, se soigner, scolariser correctement leurs enfants, bénéficier régulièrement de l'eau potable et de l'électricité. Et pourtant on répète que depuis 2003 le Tchad est entré dans le « club » des pays pétroliers !

Cette situation de pauvreté et de misère amène aujourd'hui beaucoup de Tchadiens à dire qu'on vivait mieux du temps des anciens régimes que maintenant, n'en déplaise à la poignée de nouveaux riches dont la fortune s'est faite sur le pillage et le détournement des ressources et des biens publics.

***Tchadforum** : – On comprend que vous faites un réquisitoire aussi bien contre l'UFR que contre la gestion du Tchad par le clan Déby. Quels sont, d'après vous, les principes qui fondent l'action de la rébellion ? Quels sont les objectifs prioritaires de votre mouvement.*

DjAH : – *À mon avis, les principaux principes qui fondent l'action de l'opposition armée sont les suivants :*

– La restauration des libertés et des droits fondamentaux ;

– L'instauration d'un régime véritablement démocratique ;

– L'égalité de tous les citoyens en droits et devoirs ;

– Une véritable justice afin qu'aucun individu ou groupe d'individus ne soient au-dessus de la loi ;

– L'opposition aux violations des droits de l'homme ;

– L'exigence d'une bonne gouvernance ainsi que d'une gestion saine et transparente des ressources de l'État, etc.

– Quant aux objectifs prioritaires de notre mouvement, il s'agit, entre autres, de :

– Renverser la dictature afin d'obtenir la paix, la sécurité, la réconciliation nationale et la mise en place d'institutions véritablement démocratiques ;

– Jeter les bases d'une véritable armée nationale en tenant compte de la représentation équitable de toutes les régions, tant en ce qui concerne les grades que les postes de responsabilité ;

– Assurer la continuité de l'État et des services publics,

– Organiser dans les meilleurs délais un Forum national qui mettra en place les organes de transition, fixera leur mission ainsi que le calendrier de son exécution.

Tchadforum : – *Un adage Sara dit que « le chasseur se glorifie au village parce que les animaux n'ont pas eu l'occasion de raconter leur part d'histoire ». Vous qui vivez de l'autre côté, pouvez-vous nous dire en quelques mots le degré de contestation interne au sein des différentes tendances basées à la frontière Tchad Soudan ?*

DjAH : – *Je ne peux pas en estimer le degré, mais malheureusement, je dois reconnaître qu'effectivement il y a des contestations sérieuses au sein de toutes les tendances, qui se sont traduites, dans la plupart des cas, par des divisions ou des dissidences.*

Tchadforum : – *Quels sont les milieux hostiles à l'union de la rébellion ?*

DjAH : – *Au niveau de l'opposition armé, je ne pense pas qu'il y ait des milieux hostiles à l'union de la résistance, mais, par contre, il y a beaucoup de résistants, je dirai même la majorité d'entre eux, qui désavouent la direction de l'UFR à cause de sa manière de conduire et de gérer le mouvement.*

Tchadforum : – *En votre qualité de syndicaliste et de chef rebelle, quelle place tient la critique dans votre théorie de la lutte armée et comment vos détracteurs vous désignent-ils au front ?*

DjAH : – *Toute critique, lorsqu'elle est objective est une bonne chose, et elle est la bienvenue car elle nous permet de corriger nos erreurs et d'aller de l'avant. Cependant, il y a parfois des critiques qui ne sont pas fondées et qui visent simplement à nous discréditer vis-à-vis de l'opinion nationale et internationale. Hormis ces dernières, nous acceptons volontiers, toute critique objective et constructive, sinon aucun progrès ne serait possible.*

Quant à nos détracteurs, certains pensent que nous sommes tout simplement des aventuriers assoiffés de pouvoir.

En revanche, d'autres estiment, non sans raison, qu'il se trouve dans nos rangs des criminels, des repris de justice ou des auteurs de détournements des derniers publics qui ont rejoint l'opposition armée pour se refaire une virginité politique...

Tchadforum : – *Quelles qualités trouvez-vous aux autres chefs rebelles et quelles sont actuellement les priorités de votre combat pour la réorganisation de la rébellion ?*

DjAH *: – les chefs de l'opposition armée ont, sans aucun doute, des qualités, ne serait-ce que leur esprit de sacrifice et leur courage qui leur permettent d'accepter les difficultés de la vie en brousse (du moins pour ceux d'entre eux qui y passent la majeure partie de leur temps), et d'exposer leur vie dans les combast. Mais cela ne suffit pas, car si nous avions toutes les qualités requises, avec les moyens que nous avions, nous serions déjà à Ndjaména ! En disant cela, je n'ignore pas, en tant que croyant, que c'est Dieu qui donne le pouvoir. Mais c'est pour dire aussi que Dieu ne vous donne que si vous avez les qualités requises pour être authentiquement au service de votre peuple.*

S'agissant des priorités de notre combat, elles concernent les points suivants :

– La réorganisation et/ ou la restructuration de l'opposition armée ;

– Le lancement des opérations militaires d'autant plus que le régime en place a exclu toute négociation et n'a opté que pour des ralliements sans conditions ;

– En cas de victoire, ramener la paix et la sécurité sur l'ensemble du territoire national ;

– Organiser dans les meilleurs délais possibles un Forum national regroupant les représentants des mouvements politico-militaires, des partis politiques, des associations de la société civile et des personnes-ressources pour organiser la transition et jeter les bases du nouveau régime démocratique».

Je voudrais dire, pour terminer, tout ce que je dois à Allah, le Tout Puissant et Miséricordieux, qui m'a donné la santé, le courage et la patience nécessaires pour la rédaction de cet ouvrage. Malgré ses lacunes et ses imperfections il devrait apporter un éclairage révélateur sur ce qu'il en est de la vie syndicale et de la lutte syndicale au Tchad.

SIGLES

ADH : Associations de Défense des Droits de l'Homme
ADR : Alliance des Démocrates Résistants
AFL-CIO : American Federation of Labor-Congress of Industrial Organisations
ANS : Agence Nationale de la Sécurité
BEPC : Brevet d'Etudes de Premier Cycle
BM : Banque Mondiale
BIT : Bureau International du Travail
DDS : Direction de la Documentation et de la Sécurité
CCFAN : Conseil de Commandement des Forces Armées du Nord
CE : Cours élémentaire
CEP : Certificat d'Etudes Primaires
CEG : Collège d'Enseignement Générale
CFDT : Confédération Française Démocratique du Travail
CISL : Confédération Internationale des Syndicats Libres
CGSLB : Centrale Générale des Syndicats Libéraux Belges
CGT : Confédération Générale du Travail
CGT-FO : Confédération Générale du Travail- Force Ouvrière
CST : Confédération des Syndicats du Tchad
CSC : Confédération des Syndicats Chrétiens
CM : Cours Moyen
CP : Cours Préparatoire
FAN : Forces Armées du Nord
FGTB : Fédération Générale du Travail de Belgique
FJCS : Front pour la Justice et le Changement Socialiste
FN : Forces Nouvelles
FTQ : Fédération des Travailleurs et des Travailleuses du Québec
GUNT : Gouvernement d'Union Nationale de Transition
MAC : Mouvement Armé pour le Changement
MNC : Mouvement National pour le Changement
MOSANAT/R : Mouvement pour le Salut National du Tchad/Rénové
OIT : Organisation Internationale du Travail
ONAPE : Office National pour la Promotion de l'Emploi
ONG : Organisation Non Gouvernementale
RFC : Rassemblement des Forces pour le Changement
PAM : Programme Alimentaire Mondial
SPC : Syndicat des Professionnels de la Communication
SONASUT : Société Nationale Sucrière du Tchad
STAR Nationale : Société Tchadienne d'Assurance et de Réassurance
UFCD/R : Union des Forces pour le Changement et la Démocratie/Rénovée
UFDD : Union des Forces pour la Démocratie et le Développement
UFDD-F : Union des Forces pour la Démocratie et le Développement-Fondamental
UNATRAT : Union Nationale des Travailleurs du Tchad
UNCD : Union Nationale pour la Démocratie et le Changement
UNIR : Union Nationale pour l'Injustice et la Révolution

ANNEXES

Note : Pour des raisons de contraintes éditoriales, tous les documents prévus en annexe pour illustrer mon propos ou comme références ne peuvent être reproduits ici. Je n'en reprendrai donc que les éléments permettant leur identification. Je les tiens à la disposition de tous les chercheurs et/ou militants intéressés par la cause syndicale au Tchad et je précise que la plupart d'entre eux sont accessibles aux archives du BIT à Genève :

BIT – Archives historiques - Route des Morillons - 1211 Genève 22
archives@ilo.org

ANNEXE 1 : Rapport définitif N° 279 – nov 1991 – Cas N° 1592 (Tchad) - Date de la plainte : 29 mai 1991 – Clos

- L'UNST présente une plainte contre le gouvernement du Tchad alléguant que celui-ci, en prononçant par un communiqué du Conseil des ministres du 23 mai 1990 la dissolution de cette centrale syndicale a enfreint la convention N° 87.

ANNEXE 2 : Rapport – Le Comité demande à être informé de l'évolution de la situation – Rapport N° 287, Juin 1993

- La Confédération internationale des syndicats libres, CISL, et l'Organisation de l'unité syndicale africaine, OUSA, ont présenté des allégations en violation des droits syndicaux contre le gouvernement du Tchad dans des communications datées respectivement des 11 septembre et 14 octobre 1992. Ces deux organisations ont communiqué des informations complémentaires respectivement les 29 octobre et 5 novembre 1992.

En annexe : la liste des syndicalistes tchadiens ayant été victimes de différentes mesures de répression.

ANNEXE 3 : Rapport où le Comité demande à être informé de l'évolution de la situation – Rapport N° 3000 – nov. 1997.

- Cas N° 1791 (Tchad) – Date de la plainte : 14 juin 1994 – Clos.

- Dans sa communication du 14 juin 1994, l'Union Syndicale du Tchad (UST) indique que le gouvernement a interdit à l'UST d'organiser une manifesation pour célébrer le 1er mai 1994, a occupé la Bourse du travail, siège de l'UST, paralysant les activités de l'organistion jusqu'au 10 mai 1994 et a adopté un décret portant réglementation du droit de grève dans la fonction publique qui interdit de fait ce droit à cette catégorie de travailleurs.

ANNEXE 4 : Rapport où Le Comité demande à être informé de l'évolution de la situation - Rapport N° 328 – Juin 2002.

- Cas N° 2129 (Tchad) – Date de la plainte : 8 juin 2001 – Clos.

- L'organisation plaignante, l'UST, explique qu'en date du 30 mai 2001 le président et le secrétaire général de l'Union des syndicats du Tchad, MM. Boukinebe Garka et Djibrine Assali Hamdallah, se trouvaient dans leur bureau au siège de l'UST lorsqu'ils ont été interpellés par la police sans mandat d'arrêt... L'organisation plaignante allègue que le motif invoqué pour justifier ces arrestations est que l'UST s'est associée aux partis politiques de l'opposition pour tenter d'organiser une rencontre d'information à la suite des élections contestées du 20 mai 2001.

ANNEXE 5 : Rapport où le comité demande à être informé de l'évolution de la situation – Rapport n° 300, nov. 2009.

Cas N° 2581 (Tchad) – Date de la plainte : 10 juillet 2007 – Clos.

- Le Comité prie instamment le gouvernement de fournir des explications sur la confiscation du passeport de M. Assali, Secrétaire général de l'UST, de prendre toutes les mesures nécessaires pour que ledit document lui soit restitué, et d'assurer qu'il jouisse d'une pleine liberté de mouvement dans l'exercice de son mandat de dirigeant syndical.

- Le Comité prie instamment le gouvernement de diligenter une enquête et de fournir sans délai des explications sur l'intervention des forces de sécurité à la Bourse du travial le 5 juin 2007 ainsi que sur l'occupation pendant une dizaine de jours du siège du Syndicat des enseignants du Tchad (SET)

- Le Comité (...) demande au gouvernement d'assurer que les organisations syndicales ne seront pas limitées dans les actions éventuelles qu'elles décideront de réaliser conjointement pour défendre les travailleurs.

- Le Comité demande au gouvernement de prendre les mesures nécessaires pour revoir, en consultation avec les partenaires sociaux concernés, sa législation en matière de détermination des services essentiels.

ANNEXE 6 : La Charte universelle des droits de l'homme.

ANNEXE 7 : La Charte africaine des droits de l'homme et des peuples.

ANNEXE 8 : Convention (N° 87) sur la liberté syndicale et la protection du droit syndical, 1948.

ANNEXE 9 : Convention N°98 portant sur le droit d'organisation et de négociation collective, 1949.

ANNEXE 10 : Convention N°135 concernant les représentants des travailleurs, 1971.

ANNEXE 11 : Convention N°151 portant sur les relations de travail dans la fonction publique, 1978.

- Convention concernant la protection du droit d'organisation et les procédures de détermination des conditions d'emploi dans la fonction publique (Entrée en vigueurv: 25 févr. 1981). Adoption : Genève, 64e session CIT (27 juin 1978) - Statut : Instrument à jour (Conventions Techniques). La Convention peut être dénoncée : 25 févr. 2021 - 25 févr. 2022

ANNEXE 12 : Code du travail :

- LIVRE IV. - De la représentation et des attributions des organisations professionnelles d'employeurs et de travailleurs.

- LIVRE V. - Des différends relatifs au travail et à l'emploi.

- LIVRE VI. - Du contrôle du travail et de l'emploi.

ANNEXE 13 : Loi n°017/PR/2001 portant sur le statut général de la fonction publique.

ANNEXE 14 : Convention collective générale.

ANNEXE 15 : Convention collective générale du 12 décembre 2002. Convention collective générale applicable aux travailleurs de la République du Tchad (du 12 décembre 2002).

ANNEXE 16 : Décret portant sur le statut particulier des personnels de l'Enseignement élémentaire, secondaire, général et technique.

ANNEXE 17 : Convention concernant le secteur pétrolier.

ANNEXE 18 : Texte relatif aux élections professionnelles.

ANNEXE 19 : Statuts du MONASAP.

ANNEXE 20 : Convention de Genève relative au statut des réfugiés. Entrée en vigueur le 22 avril 1954, conformément aux dispositions de l'article 43.

(Trés, Trés Confidenciel)

PLAN SECURITAIRE

Considérant que la défense de l'Intégrité territoriale est un devoir national.

Chaque citoyen doit faire face aux agressions barbares perpétrés par les Soudanais et leurs mercenaires intérieurs et extérieurs.

Soucieux que la protection de nos populations civiles, des incursions des miliciens soudanais qui pillent, tuent, violent, volent, incendient les villages et obligent les citoyens ci se déplacer, dépend de la sécurité et de la stabilité de nos frontières.

Convaincus que une telle défense est légitimement reconnue par les institutions nationales ainsi que les droits internationaux.

Pour consolider les relations historiquement séculaires entre les deux communautés (**Zakhawa et Dadjo**), basées sur les lien de sang, de parenté et de destin commun.

Nous, populations de la communauté Dadjo (Jeunes , Vieux , hommes et Femmes) avec tous les chefs traditionnels, les cadres politiques, les militants les religieux, présentons ce qui suit :

1- Renouvelons et confirmons notre soutien indéfectible au camarade, son Excellence, Monsieur le Président de la République, Idriss Deby Itno et demeurons disposer à apporter notre contribution pour préserver les acquis du régime et sommes déterminés à faire face à tout complot intérieur ou extérieur, visant à déstabiliser le pays et la paix chèrement acquise.
2- Conclure une alliance stratégique avec les frères de la communauté **Zakhawa** et être ensemble pour le bien et le mal.

Pour arriver à cela à nous avons besoins de :

A- LES DISPOSITIFS

1- Deux (2) milles Jeunes formés, manquant d'armement, munitions et des moyens roulants, sont disponibles pour toute orientation.
2- Trois (3) milles Jeunes qui ont manifestés leur ferme volonté attendent être formé et équipé pour rejoindre les autres.

* Ces éléments une fois formés et équipés, sont prêts à s'engager à tout faire pour sécuriser la longue frontière (600 km) allant de Addé à Tissi.

B- LES BESIONS EN EQUIPEMENT

1- Armes d'assaut de différent calibre : 2000 plus munitions, plus uniforme complet.
2- Moyen roulants.
 * Toyota Pick-up Land/Cruiser 4 x 4 = 5 , plus carburant, plus lubrifiant.
 * Dotations en chevaux.
3- Moyen de communication
 * Appareil Thuraya = 8
 * Jumelle = 5
4- Moyen Financier
 * Forfait = Trente millions (30.000.000 CFA)

C- CALENDRIER DE MISE EN EXECUTION

Compte tenu de l'insécurité et de troubles importes et imposés par l'esprit barbaré des miliciens Djondjawids Soudains par leurs complices résident dans le département de Sila, il est souhaitable que la mise en exécution de ce plan soit réalisée au plu tard le 15 Novembre 2006.

NB : Pour sauvegarder la discrétion et avoir la confiance, nous sommes disposés à jurer le coran.

LES SIGNATAIRES

1- Le Sultan de Dar-Sila, Elhadj Seid Brahim Moustapha. P.O
2- Le Député de Goz-Beida et représentant du Sultan Seid Bucha
3- Mahamat brahim Bakhit, Chef de Canton de Bahar-Azoum.
4- Abdelkader Yacine Bakhit.
5- Sidick El-Djazouli.
6- Ahmat Abdoulaye Youssouf.
7- Daldoum Ahmadaye Bakhit.
8- Le Député Mahamat Adef Adam.
9- Moctar Diphane.
10-Abdoulaye Yacine Bakhit.
11-Safi Abakar Oumar
12-Al-Khali Annour Abouricha.
13-Ali Abdelmadjid Bakhit.
14-Mahamat Saleh Adam.
15-Abdelkerim Annour Bakhit.
16-Adam Aboubakar Khatir.

INDEX DES NOMS DES PERSONNES

TABLE DES MATIÈRES

III - MON ENGAGEMENT EN POLITIQUE

IV - UN POUVOIR AUTOCRATIQUE ET RÉPRESSIF UN SYNDICALISME DE COMBAT

V - LE CHOIX DE LA RÉBELLION

VI - UN EXIL SUBI

VII - EN GUISE DE CONCLUSION...

Structures éditoriales du groupe L'Harmattan

L'Harmattan Italie
Via degli Artisti, 15
10124 Torino
harmattan.italia@gmail.com

L'Harmattan Hongrie
Kossuth l. u. 14-16.
1053 Budapest
harmattan@harmattan.hu

L'Harmattan Sénégal
10 VDN en face Mermoz
BP 45034 Dakar-Fann
senharmattan@gmail.com

L'Harmattan Cameroun
TSINGA/FECAFOOT
BP 11486 Yaoundé
inkoukam@gmail.com

L'Harmattan Burkina Faso
Achille Somé – tengnule@hotmail.fr

L'Harmattan Guinée
Almamya, rue KA 028 OKB Agency
BP 3470 Conakry
harmattanguinee@yahoo.fr

L'Harmattan RDC
185, avenue Nyangwe
Commune de Lingwala – Kinshasa
matangilamusadila@yahoo.fr

L'Harmattan Congo
67, boulevard Denis-Sassou-N'Guesso
BP 2874 Brazzaville
harmattan.congo@yahoo.fr

L'Harmattan Mali
Sirakoro-Meguetana V31
Bamako
syllaka@yahoo.fr

L'Harmattan Togo
Djidjole – Lomé
Maison Amela
face EPP BATOME
ddamela@aol.com

L'Harmattan Côte d'Ivoire
Résidence Karl – Cité des Arts
Abidjan-Cocody
03 BP 1588 Abidjan
espace_harmattan.ci@hotmail.fr

L'Harmattan Algérie
22, rue Moulay-Mohamed
31000 Oran
info2@harmattan-algerie.com

L'Harmattan Maroc
5, rue Ferrane-Kouicha, Talaâ-Elkbira
Chrableyine, Fès-Médine
30000 Fès
harmattan.maroc@gmail.com

Nos librairies en France

Librairie internationale
16, rue des Écoles – 75005 Paris
librairie.internationale@harmattan.fr
01 40 46 79 11
www.librairieharmattan.com

Lib. sciences humaines & histoire
21, rue des Écoles – 75005 Paris
librairie.sh@harmattan.fr
01 46 34 13 71
www.librairieharmattansh.com

Librairie l'Espace Harmattan
21 bis, rue des Écoles – 75005 Paris
librairie.espace@harmattan.fr
01 43 29 49 42

Lib. Méditerranée & Moyen-Orient
7, rue des Carmes – 75005 Paris
librairie.mediterranee@harmattan.fr
01 43 29 71 15

Librairie Le Lucernaire
53, rue Notre-Dame-des-Champs – 75006 Paris
librairie@lucernaire.fr
01 42 22 67 13

www.ingramcontent.com/pod-product-compliance
Lightning Source LLC
LaVergne TN
LVHW021208061026
849535LV00008B/2631